기적

요한복음 속 7가지 기적의 진리

Korean Language Translation Copyright © 2008 by Daily Bread Publishing
Believe in Miracles but Trust in Jesus
Copyright © 1999 by Adrian Rogers
Published by Crossway Books
a division of Good News Publishers
Wheaton, Illinois 60187, U.S.A.

This edition published by arrangrment
with Good News Publishers.
All rights reserved.

이 책의 한국어판 저작권은 KCBS Literary Agency를 통한
Crossway Books와의 독점계약으로 도서출판 일용할양식에 있습니다.
저작권법에 의하여 한국 내에서 보호를 받는 저작물이므로
무단전재와 무단복제를 금합니다.

기적

요한복음 속 7가지 기적의 진리

애드리언 로저스 지음 | 조진선 옮김

추천사

기적행전을 이어가는 좋은 길잡이

김장환 목사 (극동방송 사장)

성경 66권 곳곳에는 기적에 관한 이야기로 가득 차 있습니다. 그래서 우리는 성경 어느 곳을 펼치든지 갖가지 기적들을 만나게 됩니다.

이렇게 성경에 기적이 기록된 이유는 하나님께 영광을 돌리기 위한 것과 하나님의 사랑을 우리에게 보여주기 위해서입니다.

그런데 우리가 오해하는 부분들이 있습니다. 기적이 성경 속에만 존재하는 이야기라는 태도를 갖는 것과 기적이 있다 하더라도 나와는 무관하다고 생각하는 것입니다. 그리고 기적에 대한 것을 무조건 신비주의로 몰아가는 것 역시 그냥 넘어갈 수 없는 부분입니다.

이러한 오해들은 하나님께서 지금도 살아 계셔서 역사하고 계신다는 사실을 간과하도록 하며, 믿음 생활의 역동성을 제한하고 있습니다.

우리가 눈을 조금만 돌려보면, 지금도 지구촌 곳곳에서 하나님께서 보여주시는 놀라운 기적들이 일어나고 있다는 것을 알 수 있습니다.

지근거리에서 교제해왔던 '애드리언 로저스' 목사님은 이러한 기적을 일상생활에서 체험하며 사셨던 분이십니다. 그리고 이 일이 신앙생

활에 얼마나 중요한지도 아셨던 분이십니다. 그러기에 요한복음에 나타난 예수님의 기적들에 대해 쓰셨다고 생각됩니다.

아무쪼록 이 책이 신앙인들의 삶 속에 기적행전을 이어가도록 도와주었으면 합니다. 특별히 평양대부흥 100주년을 계기로 그 당시의 부흥을 갈망하며, 새롭게 변화되기 원하는 우리나라 성도들의 삶에도 큰 기폭제가 되었으면 하는 바람입니다.

| 차례 |

- 추천사 　　　　　　　　　　　　　　　　　　　　 004
- 서문 　　　　　　　　　　　　　　　　　　　　　 008

1　기적은 일어납니다 　　　　　　　　　　　　 011

2　기적에도 문제는 있다 　　　　　　　　　　　 023

3　물이 포도주로 　　　　　　　　　　　　　　 033
예수님은 우리의 실망을 기쁨으로 바꾸는 하나님의 응답이십니다

4　네 아들이 살았다 　　　　　　　　　　　　　 053
예수님은 우리의 의심을 확신으로 바꾸는 하나님의 응답이십니다

5　일어나 걸으라 　　　　　　　　　　　　　　 079
예수님은 우리의 무력함을 강함으로 바꾸는 하나님의 응답이십니다

6	**오천 명이 먹고도 남았더라**	105
	예수님은 우리의 소원을 이루어주시는 하나님의 응답이십니다	

7	**폭풍우를 꾸짖으시다**	131
	예수님은 우리의 절망을 평안으로 바꾸는 하나님의 응답이십니다	

8	**눈먼 자의 눈을 여시다**	155
	예수님은 우리의 어두움을 몰아내는 하나님의 빛이십니다	

9	**죽은 나사로를 살리시다**	179
	예수님은 우리의 죽음에 대한 하나님의 응답인 생명이십니다	

10	**최고의 기적**	203

■ 에필로그   218

서문

오래 전 미국 고속도로에는 신문지를 펼친 정도 크기의 광고판이 대략 400m 간격으로 줄을 지어 서 있었습니다. 그 광고판에는 무슨 내용인지 알 수가 없는 짧은 시구 같은 구절들이 적혀 있었습니다.

복숭아는 탐스럽지
보송보송 솜털이 많이 있을 때
하지만 남자는 복숭아가 아니지
예전에도, 지금도, 절대로 아니지

그리고 맨 마지막 광고판에는 이렇게 쓰여져 있었습니다.
버마－쉐이브!
핵심을 마지막에 드러낸, 사람들의 의표를 찌른 광고였습니다.
사도 요한 역시 요한복음을 쓸 때 이 방법을 썼습니다. 1세기 사람들이 경험했던 기적들에 현대인도 똑같이 고무될 수 있도록 말입니다. 주께 사랑받았던 이 사도는 우리를 위해 7개의 기적을 선별하였습니다. 이 기적들은 생명을 변화시켰습니다.

요한복음 끝부분을 보면 사도 요한이 그리스도의 기적을 선별하여 기록했음을 알 수 있습니다. 성령의 감동을 받아 요한이 주님이 행하셨던 기적 중 7개를 골라 특별한 순서로 엮은 것입니다.

예수께서 제자들 앞에서 이 책에 기록되지 아니한 다른 표적도 많이 행하셨으나, 오직 이것을 기록함은 너희로 예수께서 하나님의 아들 그리스도이심을 믿게 하려 함이요, 또 너희로 믿고 그 이름을 힘입어 생명을 얻게 하려 함이니라. (요 20:30~31)

본문에서의 "표적"이라는 단어는 매우 의미심장한 말로, "메시지가 있는 기적" 혹은 "의미가 있는 기적"이라는 뜻입니다.

이 7가지 기적은 각각 자연의 법칙을 초월하는 예수님의 능력뿐 아니라 죄, 죽음, 지옥, 무덤을 넘어서는 치유의 능력이 예수님께 있음을 보여줍니다.

이 기적들은 예수 그리스도가 우리에게 필요한 모든 절박한 것에 대한 하나님의 응답이라는 경이로운 진리를 확실하게 보여줍니다. 예수님은 우리의 실망에 대한, 의심에 대한, 소망에 대한, 절망에 대한, 더 나아가 죽음에 대한 하나님의 응답이십니다.

이 책을 통해 우리는 기적이 있다는 것을 믿게 될 뿐 아니라 예수님을 신뢰하는 법을 배우게 될 것입니다.

그리고 여러분의 삶에서 직접 기적을 체험하기를 기도합니다. 기적을 넘어 예수님께로 나아가길 기도합니다. 그분을 영접하고 그분이 변화시키는 능력을 진정으로 알게 될 때에야 비로소 기적의 참맛을 맛보게 될 것입니다.

제 1 장

기적은 일어납니다

이는 그가 땅 끝까지 감찰하시며 온 천하를 살피시며, 바람의 무게를 정하시며 물의 분량을 정하시며, 비 내리는 법칙을 정하시고 비구름의 길과 우레의 법칙을 만드셨음이라. 그때에 그가 보시고 선포하시며 굳게 세우시며 탐구하셨고.
(욥 28:24~27)

기적이 일어나

불치의 병이 치유될 수 있다는 것을 믿지 못하는 사람들을 탓하지 마십시오. 그런 이에게 필요한 것이 바로 기적이니까요.

나는 기적이 있다고 믿습니다. 기적을 믿지 못하는 사람들은 하나님에게 주권이 있다는 사실도 믿지 못합니다. 창세기 1장 1절 말씀을 받아들일 수 있다면, 기적을 믿는 것은 그다지 어려운 일이 아닙니다.

하나님이 말씀하시니 우주가 생겨났습니다. 수십 억의 은하가 우주에 펼쳐지고, 지구는 생물체의 보금자리가 되었습니다.

이러한 놀라운 능력을 가진 창조주가 자신의 피조물에 아무 손도 쓸 수 없다는 것은 말이 안 됩니다. 하나님은 손수 만든 작품을 수수방관하는 무기력한 분이 아닙니다. 시편 기자는 선포합니다.

하늘이 주의 것이요 땅도 주의 것이라, 세계와 그 중에 충만한 것을 주께서 건설하셨나이다. (시 89:11)

하나님은 자연의 법칙 아래 계신 분이 아닙니다. 정확히 말하면, 자연의 법칙이라는 것은 존재하지도 않습니다. 사람들이 자연의 법칙이라 부르는 것은 실상 자연이 순종하는 하나님의 법칙인 것입니다.

사우스웨스턴 침례신학교의 총장이었던 리 스카브로우 박사가 요나를 삼킨 큰 물고기에 대해 설교를 했을 때였답니다. 설교가 끝난 후 스카브로우 박사의 어린 아들이 대뜸 이런 질문을 했습니다.

"아빠, 정말 물고기가 사람을 집어삼켰다고 믿으세요? 삼켜진 그 사람이 산 채로 3일 밤 3일 낮 물고기 배에서 지낼 수 있다고 믿으세요?"

박사는 지혜롭게 대답했습니다.

"아들아, 하나님은 아무것도 없는 상태에서 사람을 만드셨고, 또 아무것도 없는 상태에서 최초의 바다 생물을 만드시지 않았니? 그렇다면, 물고기가 사람을 산 채로 집어삼키게도, 3일 밤낮을 뱃속에 머물게 하실 수도 있지 않으시겠니?"

"음, 아빠가 그렇게 하나님을 말씀하신다면 얘기는 달라지겠네요."

아멘! 이게 바로 내가 믿는 바입니다. 나는 하나님을 믿기에 기적도 믿습니다. 천사가 아브라함에게 던졌던 질문이 떠오릅니다.

여호와께 능하지 못할 일이 있겠느냐. (창 18:14)

그런데 누군가가 이렇게 말을 할 수도 있습니다.

"난 하나님을 믿지 않으니까 기적도 믿지 않아요."

하지만 의심하는 자에게도 믿음이 있습니다. 이런 사람은 태초에 천지가 스스로 만들어졌고 생물체가 자연적으로 발생했다는, 이 거대한 기적이 행하는 이도 없이 저절로 일어났다고 믿는 것입니다.

이러한 믿음을 가진 사람은 자신의 지성을 자랑할 수 없습니다. 전 시대를 통틀어 위대한 지성들은 창조주를 믿었습니다. 소크라테스, 베이컨, 갈릴레오, 뉴턴, 파스퇴르, 아인슈타인 등 세계의 지성들은 모두

다 더 높은 지성을 지닌 하나님을 믿었습니다.

 하나님의 주권을 믿으면 기적도 반드시 믿게 됩니다. 하나님을 믿지 않은 신앙은 제대로 된 신앙이 아닙니다. 그분에 대해 안다면 불신앙은 있을 수 없습니다.

 우리는 하나님과 그분의 역사하심을 묘사할 때 초자연적이란 말을 씁니다. 이 말은 단순히 자연을 넘어서는 것을 뜻하지만, 하나님은 자연을 넘어설 뿐만 아니라 자연을 다스리십니다. 중력의 법칙은 자석에 쇠붙이가 들러붙을 때 어긋나게 됩니다. 이와 마찬가지로 더 우세한 신성 주권의 법은 하위의 자연 법칙을 능가합니다. 욥은 하나님에 대해 다음과 같이 말했습니다.

 이는 그가 땅 끝까지 감찰하시며 온 천하를 살피시며, 바람의 무게를 정하시며 물의 분량을 정하시며 비 내리는 법칙을 정하시고 비구름의 길과 우레의 법칙을 만드셨음이라. 그때에 그가 보시고 선포하시며 굳게 세우시며 탐구하셨고. (욥 28:24~27)

 기적을 증명할 필요는 없습니다. 그리스도인들은 사실 증거가 별로 필요 없으며, 믿지 않는 사람들은 증거를 보여주어도 받아들이지 않을 것이기 때문입니다.

 그리스도인들은 과학을 두려워할 필요가 없습니다. 오히려 불신자들보다 과학을 더 즐기고 그 가치를 더 잘 알아야 합니다. 과학도 하나님의 법칙 아래 있기 때문입니다.

 기적을 옹호하거나 설명할 필요가 없습니다. 그냥 누리면 됩니다.

현재의 기적

　성경에도 나와 있지만, 성경에 쓰여 있는 기적뿐 아니라 현재에도 기적이 일어난다는 것을 믿어야 합니다.
　하나님은 여전히 아픈 자들을 초자연적으로 고치십니다. 많은 보수적인 신자들은 여기에 동조하지 않습니다. 그들은 소위 신성한 치유 사역이라는 이름을 내건 이단자들이 사람들을 속이고 조작하는 것들을 수없이 보아왔기 때문입니다.
　나는 건조한 기도회 현장에서 하나님의 강력한 치유의 기적이 기도의 응답으로 일어난다면 어떨지 항상 궁금했습니다. 당연히 치유의 응답이 없을 것으로 여기고 기도하는 교회들이 많기 때문입니다.
　나는 언제나 하나님께서 주권을 가지고 초자연적으로 그것도 순식간에 극적으로 치유하심을 믿습니다. 20년 동안 알아온 매롤린 포드라는 친구에게 일어난 엄청난 기적도 보았습니다. 그녀가 경험한 하나님의 치유 권능에 대한 놀라운 간증을 소개하겠습니다.
　매롤린이 젊었을 때였습니다. 어느 날부터인가 그녀는 앞이 점점 보이지 않는다는 것을 알았습니다. 의사는 황반변성이란 병으로 시력을 완전히 잃을 때까지 퇴화가 계속될 것이라고 했습니다. 그녀는 예상대로 시력을 잃었고, 맹인 학교에 지팡이를 짚고 다니며 점자 읽는 법을 배워야 했습니다.
　그 후, 그녀는 한 성경대학에 들어가 강의를 녹음해가며 공부를 했습니다. 그곳에서 매롤린은 에이시 포드라는 한 젊은 신학생을 만나 사랑에 빠졌습니다. 에이시는 목사가 되었고, 아름답지만 자신의 얼굴을 볼 수 없는 그녀와 결혼했습니다. 하나님은 그들에게 아기를 주셨습니다. 하지만 그녀는 아기 얼굴을 볼 수 없었습니다. 하나님은 그들에게 훌륭한 교회도 주셨습니다. 그러나 그녀는 성도들의 얼굴 역시 볼 수 없었습니다.

매롤린은 수없이 기도하며 눈이 치유되는 기적을 바랐지만 아무 소용이 없었습니다. 늦은 밤, 일을 끝내고 남편과 함께 차를 타고 집으로 돌아오는 길이었습니다. 에이시는 그녀가 볼 수 없어서 사역에 얼마나 큰 어려움이 있는지, 하나님이 만일 그녀의 눈을 치유해주신다면 얼마나 좋을지 이야기했습니다. 바로 그날 밤 무슨 일이 일어났는지 아십니까?

다음은 매롤린의 책 《멀었던 이 두 눈으로 이제는 봅니다》에 실린 내용입니다.

그날 저녁 우리 둘은 완전 기진맥진해 있었다. 나는 침대에 뻗었고 에이시는 신앙 잡지를 잠시 읽다 내려놓고, 여느 밤과 마찬가지로 무릎 꿇고 기도하기 시작했다. 감정에 북받친 에이시의 기도에 우리는 둘 다 소리 내어 울었다.

"오, 하나님! 주님은 오늘 밤 매롤린의 눈을 뜨게 하실 수 있습니다. 하실 수 있으심을 압니다. 그리고 하나님, 그것이 만일 당신의 뜻이라면, 그날이 오늘이기를 간구합니다."

우리 둘 다 앞으로 일어날 일에 대해서 별 준비가 되어 있지 않았다.

그런데 어느 순간, 12년의 흐리고도 어두운 세월을 뒤로 하고 또렷하고 밝은 빛이 내 시야에 들어오기 시작했다.

"에이시, 보여요!"

나는 소리쳤다.

"농담하지 마."

그가 대답했다. 다시 나는 외쳤다.

"보여요! 당신 눈동자가 보인다고요!"

에이시는 그 순간 시력이 조금 잠시 돌아왔나보다 하고 생각했다.

"지금 밤 12시 30분이죠! 당신, 면도해야겠네요. 나, 보인다고요!"

에이시는 기적이 정말로 일어났는데도 여전히 믿지 못하고 있었다. 신문을 집어들고는 큰 글자를 짚으며 물었다.

"이거 보여?"

"그거보다 더 작은 글자도 읽을 수 있다고요!"

나는 흥분해서 외쳤다. 에이시는 이제야 깨닫고 흥분하여 다그치듯이 물었다.

"매롤린, 화장대 보여? 침대도 보여?"

우리는 주님이 하신 일로 인해 그분을 소리 높여 찬양하였다. 기적이 일어나다니! 정말 숨이 멎는 줄 알았다.

최근 에이시는 교회 사역과 영업직을 함께 수행해내느라 매우 힘든 시간을 보내고 있었다. 그날 저녁 그가 한계에 다다랐을 때 기적이 일어난 것이었다. 하나님께서 하실 수 있다는 것을 알았지만 그렇게 아름답고도 경이로운 일이 우리에게 일어났다는 것이 신기하기만 했다.

에이시가 소리쳤다.

"이게 바로 천국이야! 하나님, 제가 왜 당신을 의심했었나요?"

그리고는 내 쪽을 돌아보았다.

"내가 왜 하나님을 의심했었지? 난 하나님이 정말 하실 수 있다고 믿지 않았어! 그런데 하나님은 하셨어!"

시편 116편 12절 말씀이 에이시 마음에 떠올랐다

"내게 주신 모든 은혜를 여호와께 무엇으로 보답할까?"

우리는 좋아서 펄쩍펄쩍 뛰며 울었다. 처음으로 남편의 얼굴을, 그의 눈, 코, 입을 볼 수 있었다.

뛰어가 거울을 보았다. 내 이목구비가 어떻게 변했는지 보고 싶었다. 19살 이후로 못 보았던, 31살이 된 나를 보았다. 보고 또 보았다.

친정 부모님께 전화하기 위해 수화기로 손을 뻗었다. 지난 십수 년간 딸의 눈이 점점 멀고 있는데도 정작 당신은 아무것도 할 수 없다는 무기력함에 늘 마음의 짐을 지고 계셨던 어머니는 밤새 한숨도 주무실 수 없었다.

어머니께 네덜란드와 미시간에 사는 가족들과 뉴욕에 사는 쌍둥이 언니에게도 이 기쁜 소식을 전해달라고 부탁드렸다.

에이시는 시부모님께 전화를 드려 이 기쁜 소식을 알렸다.

새벽 1시에 길거리로 뛰어나가, 이제는 보인다고 실컷 외치고 싶었다.

맹인 학교 교장은 매롤린에게 의사를 찾아가 이 기적이 사실임을 확인해야 한다고 말했습니다.

시력을 잃었을 때 검사했던 의사는 매롤린 앞에 안과 차트를 내놓았습니다. 그녀는 술술 읽었습니다. 의사가 차분히 말했습니다.

"환자분이 볼 수 있다는 것은 의심할 여지가 없습니다. 눈을 한번 들여다보겠습니다."

눈을 들여다본 의사는 너무 놀라 숨을 들이켰습니다.

"이해가 안 되네요. 아무 변화가 없어요. 여전히 눈의 일부가 수은이 벗겨진 거울 같아요."

의사는 이것이 더 큰 기적이라고 말했습니다.

"이런 눈으로 본다는 것은 불가능합니다. 그런데 보시네요!"

그 후로 수년간 매롤린은 미국 전역을 돌아다니며 간증을 했습니다. 수천 명의 사람에게 축복을 주고 그들의 힘이 되었습니다.

나는 하나님이 기적을 행하심을 목도했던 이 겸손하고도 헌신적인 부부 곁에 있을 때면 언제나 은혜를 받습니다. 매롤린의 아름답고 푸른 눈을 들여다보면 누구도 부인할 수 없는 하나님의 초자연적인 역사하심을 보고 있는 느낌이 들기 때문입니다.

우리는 이런 이야기를 참 좋아합니다. 우리가 지혜롭다면, 약이나 수술, 다른 자연스러운 방법과 마찬가지로 기적을 통해서도 치유가 된다는 것을 인정해야 합니다.

하나님은 때로는 순식간에, 때로는 오랜 시간을 두고 고치십니다. 그리고 만일 우리가 거듭난다면, 그분이 언제나 영원토록 치유하신다는 것도 믿게 됩니다.

섭리의 기적

치유의 기적뿐 아니라, 하나님의 뜻을 보여주기 위한 기적도 있습니다.

나도 개인적으로 이러한 기적을 경험한 적이 있는데, 기적적인 기도 응답이라고 부르고 싶네요. 어디서 잃어버린지도 모른 채 지갑을 잃어버렸던 적이 있습니다. 아무리 좋게 생각하려 해도, 지갑을 잃어버린다는 것은 불쾌한 일입니다. 몇 번이고 머릿속으로 내가 어디에 갔었는지 되짚어보고, 직접 가보기도 했습니다. 걱정거리들이 꼬리에 꼬리를 물고 떠올랐습니다.

'운전면허증도 새로 발급받아야 하고, 신용카드도 다 신고해야 해. 다른 중요한 것들도 많은데 어떡하지?'

그러나 곧 내 영 가운데 이런 확신이 들었습니다.

"잃어버린 영혼보다 잃어버린 지갑 때문에 더 애가 탔습니다. 용서해주십시오. 더 이상 걱정하지 않겠습니다. 주님께 맡겨드립니다."

이것이 그날 오후에 드렸던 기도입니다.

여기 신기한 부분이 있습니다. 그날 밤 잠이 들기 직전 침대에 누워 이런 기도를 했습니다.

"주님, 제 지갑이 어디 있는지 꿈에 보여주세요."

이것이 신기하다고 말씀드린 이유는, 그 전까지 한 번도 하나님께 꿈에 뭔가를 보여달라고 구했던 적이 없었기 때문입니다. 오히려 나에게 꿈 이야기를 하고 싶어하는 사람들과는 약간의 거리를 두려고 노력할 정도였으니까요.

어쨌든 꿈에 지갑을 보았습니다. 지갑은 거리 모퉁이에 있는 커다란 파란색 우체통에 들어 있었습니다. 마치 X-레이 사진을 보듯 우체통 안에 있는 지갑이 선명하게 보였습니다. 지갑 안의 카드들은 물론이고, 심지어 누가 일전에 주었던 옛날 로마 동전까지 보였습니다. 다음날 아침, 비서가 우체국장에게서 전화가 왔다며 바꿔주었습니다.

"로저 씨입니까? 저희 우체국에 로저 씨 지갑이 들어왔습니다."

나는 우체국장에게 그 커다란 파란색 우체통을 설명했습니다. 내 지갑이 그 우체통에 들어 있었으며, 그 안에 뭐가 들어 있었는지까지 상세하게 다 말했습니다.

우체국장은 놀라는 눈치였습니다. 그는 혹시 내가 거기 넣었다고 생각했을지도 모릅니다. 하지만 나는 철저히 꿈에서 보았던 사실을 그대로 이야기했을 따름입니다.

지금까지도 나는 이 일을 이성이나 과학으로 설명할 수 없습니다. 어쩌면 하나님께서 이렇게 말하고 있는 건지도 모르겠습니다.

"네 지갑과 관련해서 나를 신뢰한 것은 올바른 선택이었다. 나는 처음부터 끝까지 네 지갑이 어디에 있었는지 알았다."

한 가지 확실한 것은 이 기도 응답이 나에게 믿을 수 없을 만큼 큰 영향을 끼쳤다는 것입니다. 이것은 우연으로는 도저히 설명할 수 없습니다. 제가 아는 한 이 일은 기적의 영역에 속한 것이기 때문입니다.

나는 꿈 해몽가는 아닙니다. 다만 말씀드리고 싶은 것은 하나님께서 기적적인 일들도 분명 행하신다는 것입니다. 그리고 우리는 이것을 인정해야 합니다. 나는 기적을 확실히 믿습니다.

제 2 장
기적에도 문제는 있다

유월절에 예수께서 예루살렘에 계시니 많은 사람이 그 행하시는 표적을 보고 그 이름을 믿었으나 예수는 그 몸을 저희에게 의탁하지 아니하셨으니, 이는 친히 모든 사람을 아심이요 또 친히 사람의 속에 있는 것을 아심으로 사람에 대하여 아무의 증거도 받으실 필요가 없음이니라. (요 2:23~25)

기적이라고 해서

다 따뜻하고 밝기만 한 것은 아닙니다. 기적에 대해 올바른 시각을 갖기 위해서는 매우 어렵고도 골치 아픈 문제들을 직면해야 합니다.

속임수의 문제

성경이 예언하기를 장차 올 세계 지도자는 사단으로부터 힘입을 것이라 했습니다. 적그리스도라 불리는 그는 짐승이자 죄악의 인간, 영원한 죽음의 아들입니다. 그는 사단의 화신일 것입니다.

그에게는 거짓된 소식을 유포하는 사악한 앞잡이가 있을 것입니다. 그 앞잡이는 거짓 선지자라 불리는 자이며, 그는 어둡고도 악마적인 힘으로 기적을 행할 것입니다.

> 내가 보매 또 다른 짐승이 땅에서 올라오니 어린양같이 두 뿔이 있고 용처럼 말을 하더라. 그가 먼저 나온 짐승의 모든 권세를 그 앞에서 행하고 땅과 땅에 사는 자들을 처음 짐승에게 경배하게 하니 곧 죽게 되

었던 상처가 나은 자니라. 큰 이적을 행하되 심지어 사람들 앞에서 불이 하늘로부터 땅에 내려오게 하고 짐승 앞에서 받은 바 이적을 행함으로 땅에 거하는 자들을 미혹하며 땅에 거하는 자들에게 이르기를 칼에 상하였다가 살아난 짐승을 위하여 우상을 만들라 하더라. (계 13:11~14)

속임수는 기적의 날개에 올라타 분명히 전 세계를 휘젓고 다닐 것입니다. 적그리스도가 오면, 세상은 뉴에이지 신비주의에 젖어들어 속임수로 무장한 이 마법의 명수가 손쉽게 쥐고 흔들 수 있게 될 것입니다.

기적을 넘어 예수님께로 가는 것이 참된 믿음인 이유가 여기에 있습니다.

구원에 대한 확신을 원해 다음과 같이 기도했다고 칩시다.

"주님, 제게 말씀해주세요. 표적을 보여주세요."

이때 눈부시게 환하고 영광스러운 천사가 나타나 말합니다.

"내 아들아, 하나님께서 너에게 이 위로의 말씀을 전하라고 나를 보내셨다. 그가 너로 인해 기뻐하신다."

"능력의 천사님, 저는 확실히 하고 싶습니다. 좀 더 확신을 주세요."

"그래, 보아라!"

천사가 말을 하자마자 작열하는 영광과 함께 하늘이 극에서 극까지 번쩍였습니다. 당신은 들떠서 대답합니다.

"아! 감사합니다. 천사님, 다시는 의심하지 않겠습니다."

드디어 마지막 날이 와 최후의 심판이 도래합니다. 생명의 책이 열렸지만 당신의 이름은 거기에 없습니다. 당신은 말하겠지요.

"주님, 저는 천사를 보았습니다. 그분은 저에게 와서 영광스러운 확신도 주었습니다. 그런데 왜 제 이름이 없는 것입니까?"

이때 사단이 이렇게 말할지도 모릅니다.

"이 바보야! 그건 나였어. 빛의 천사로 변신한 나!"

고린도후서를 보십시오.

이것은 이상한 일이 아니니라. 사단도 자기를 광명의 천사로 가장하나니. (고후 11:14)

당신은 계속 항의하며 말합니다.

"그럼 그 불타는 영광의 표적은 뭐지요?"

사단이 다시 이렇게 말할지도 모릅니다.

"너 정말 바보구나. 하늘에서 그 불로 널 속인 건 나였다니까."

방금 읽은 대로 요한계시록 13장 13절에 나와 있습니다.

"큰 이적을 행하되 심지어 사람들 앞에서 불이 하늘로부터 땅에 내려오게 하고."

항상 본질이 그대로 보이는 것은 아닙니다.

하루는 나의 아내 조이스와 함께 런던 개트윅 공항에서 비행기를 기다리고 있었습니다. 탑승을 기다리며 아내는 찻주전자를 사고 있었고, 나는 이리저리 놀거리를 찾고 있었습니다. 영국 돈 몇 파운드가 남아 있어서 가상 현실 체험 극장에 가 자리를 잡았습니다.

가상으로 오토바이 타는 체험을 하는 자리였습니다. 스크린 위로 풍경들이 휙휙 지나갔습니다. 오토바이가 덜거덕거리며 부릉부릉 소리를 내고, 의자는 기울어지기도 하고 덜커덕하고 멈췄다가 갑자기 움직이기도 하며 옆으로 흔들리기도 했습니다. 심장이 마구 뛰기 시작했습니다. 손잡이를 꽉 잡았습니다. 몇 분 뒤 거기서 나와 다시 공항으로 걸어 들어왔습니다. 실제로는 의자에 앉아 있다 온 것에 불과하였지만 나는 '오토바이를 탄 것'이었습니다.

적그리스도는 현대 기술을 넘어서는 거짓으로 사람들을 믿게 할 수 있습니다. 그에게는 악마적인 힘이 있습니다.

거짓 그리스도들과 거짓 선지자들이 일어나 큰 표적과 기사를 보여 할 수만 있다면 택하신 자들도 미혹하리라. (마 24:24)

그는 마법과 속임수의 명수입니다. 그는 항상 추하지 않습니다. 지독하게 아름다울 때도 있으며 광명의 천사처럼 올 때도 있습니다.

다시 한번 확실히 말씀드리겠습니다. 나는 하나님이 기적을 행하심을 믿습니다. 그러나 그것들은 하나님의 말씀에 합하는 것입니다. 말씀을 대신하거나 넘어서지 않습니다. 성령의 역사하심을 마귀에게 돌리는 것이 용서받지 못할 죄라면, 마귀의 역사를 성령에게 돌리는 것 역시 위험하지 않을까요?

우리는 불가능이란 없는 전능하신 하나님을 믿습니다. 그러나 항상 잊지 말아야 할 것은 예외적인 일을 하시더라도 그 주요 목적은 하나님의 말씀을 뒷받침하는 데 있다는 것입니다. 명확한 말씀은 영혼을 소생시킵니다. 말씀은 구원 계획을 밝힙니다. 말씀 없이 이적과 기적 자체만으로는 이런 일을 할 수 없습니다.

성령이 초기 교회 교인들에게 임하셨을 때, 하나님은 이적을 통해 말씀을 확증하셨습니다. 마법사 시몬도 보았습니다. 그는 귀신의 힘으로 사마리아 사람들을 현혹케 하던 자였습니다. 사도들이 갖고 있던 능력을 자신도 얻고 싶어 베드로에게 돈을 건넸습니다.

"네 은과 네가 함께 망할지어다."

베드로는 이 협잡꾼에게 소리쳤습니다(행 8:20). 그리고 계속해서 '주의 말씀(행 8:25)'을 증거하였습니다. 이처럼 그는 사람들을 구원에 이르게 하기 위해 복음을 전하였습니다.

하루에 기적 하나씩

누군가가 이런 말을 만들어냈습니다.

"하루에 기적 하나씩이면 마귀를 멀리할 수 있다."

기적은 전능하신 하나님이 행하신 것일지라도, 믿는 자들을 부흥케 하는 데 큰 도움이 되지 않는 것처럼 보일 때가 있습니다. 예수님께서 물을 포도주로 바꾸셨을 때, 수많은 사람들이 구름처럼 몰려들었습니다. 예수님은 유명 인사가 되셨지요. 하지만 그것은 예수님이 원하시던 바가 아니었습니다. 예수님은 이렇게 기적을 좇는 이들의 마음을 읽으셨기 때문입니다.

유월절에 예수께서 예루살렘에 계시니 많은 사람이 그 행하시는 표적을 보고 그 이름을 믿었으나 예수는 그 몸을 저희에게 의탁하지 아니하셨으니, 이는 친히 모든 사람을 아심이요 또 친히 사람의 속에 있는 것을 아심으로 사람에 대하여 아무의 증거도 받으실 필요가 없음이니라. (요 2:23~25)

예수님이 진실로 믿으며 친히 교류하자고 청하기 시작하실 때면 이 "신자" 무리들은 침몰하는 배를 버리고 달아나는 쥐떼마냥 그분을 떠나곤 했습니다. 예수님은 당신의 제자들에게도 물으셔야 했습니다.

예수께서 열두 제자에게 이르시되 너희도 가려느냐? (요 6:67)

기적은 홍보가 아닙니다

예수님은 기적을 행하셨고 지금도 행하시지만, 깜짝 뉴스거리용으로 하진 않으십니다. 그분은 기적만을 바라는 마음을 필요치도, 원하지도 않으십니다. 또한 사람들에게 그분이 행하셨던 기적에 대해서 아무에게도 말하지 말기를 때때로 부탁하셨습니다.

다음 예화가 이해에 도움이 될 수 있을 것입니다.

부유하고 능력 있는 한 남자가 있습니다. 이 남자는 늙어서 누군가에게 유산을 물려주어야 하는데, 상속 가능한 사람이 조카 두 명뿐입니다.

조카들은 종종 이 부유한 삼촌을 자신들의 집에 초대하여 저녁 식사를 대접합니다. 아양도 떨고, 요리도 해드리고, 삼촌이 하는 이야기에 재미있다는 듯이 깔깔대고 웃습니다.

이 젊은 두 피붙이들이 정말로 삼촌처럼 늙은 남자와 함께 있는 것을 좋아하는 걸까요? 만일 삼촌이 가난했더라면 푹신한 등받이와 손수 만든 파이를 푸짐하게 대접받을 수 있을까요? 그렇다면 이 조카들이 사랑하는 것은 삼촌 자신일까요, 아니면 삼촌의 돈일까요?

마찬가지로, 하나님은 우리가 그분 자신으로 인해 그분을 사랑하기를 원하십니다. 그래서 예수님은 이 세상에 오셨을 때 천국의 빛나는 영광을 모두 내려놓고 오셨습니다. 외관적으로 그분의 신성을 알리는 모든 것들을 다 내려놓고, 하나님이신 그분의 거룩한 본체와 성품의 아름다움만을 간직한 채 오셨습니다.

왜 이 땅에 오실 때 왕의 옷을 입고 보석이 박힌 병거를 타고 오지 않으셨을까요? 왜 바닥에 소의 배설물들이 가득한 구유에서 태어나셨을까요? 왜 가난한 노동자 어머니에게서 나셨을까요? 왜 외진 동네 미천한 목수의 집에서 자라나셨을까요?

이사야는 예수님에 대해 왜 이렇게 말했을까요?

그는 주 앞에서 자라나기를 연한 순 같고 마른 땅에서 나온 뿌리 같아서 고운 모양도 없고 풍채도 없은즉 우리가 보기에 흠모할 만한 아름다운 것이 없도다. (사 53:2)

그 이유는 추종자들이 예수님의 소유나 능력 때문이 아닌, 그분 존재 자체로 인해 사랑하기를 원하셨기 때문입니다.

만일 예수님이 원하기만 하신다면 우리를 쉽게 굴복시킬 수 있습니다. 그 어떤 악랄한 악질이라도 머리를 조아리며 땅에 엎드려 벌벌 떨게 만드실 수 있지만, 그것은 하나님이 원하시는 바가 아닙니다.

진정한 믿음은 눈에 보이는 것에 압도당하는 것이 아닌, 그분의 존재로 인해 마음이 느끼는 것으로 압도당하는 것입니다.

믿음은 겉으로 드러나게 기적을 행하는 그분의 능력이 아닌, 예수님의 성품과 본질에 우리의 마음이 반응하는 것입니다. 눈이 정상이라면 빛에 반응합니다. 귀가 정상이라면 소리에 반응합니다. 마음이 정상이라면 예수님께 반응합니다. 이 반응을 '신앙'이라고 부릅니다.

고백 하나 할까요? 어렸을 때 혼자 방에 들어가 무릎을 꿇고 하나님께 기적을 일으켜달라고 기도했습니다.

"주님, 이 의자를 이쪽에서 저쪽으로 움직여주세요."

유치해보이겠지만 나는 그때 정말이지 매우 진지했습니다. '만약 진짜로 실재하는 초강력 기적을 한 번만이라도 볼 수 있다면 다시는 의심할 필요가 없겠구나.'라고 생각했습니다.

그때 마귀가 내 방에서 의자를 움직이지 않았음에 진심으로 기쁠 따름입니다. 이후로 나는 많이 자랐습니다. 지금 나는 기적이 필요하지 않습니다. 마음이 예수님께 반응했으니까요.

제 3 장
물이 포도주로

예수님은 우리의 실망을 기쁨으로 바꾸는
하나님의 응답이십니다

우리 가운데서 역사하시는 능력대로 우리가 구하거나 생각하는 모든 것에 더 넘치도록 능히 하실 이에게. (엡 3:20)

깨어진 꿈을 안고

괴로워한 적이 있습니까? 실망에 너무 익숙해져 있지는 않습니까? 삶이 냉혹하지는 않습니까? 막 차오른 기쁨의 잔을 마시려고 하는데, 혹시라도 잔이 바닥으로 내동댕이쳐져 깨져버릴 것 같지는 않습니까?

만약 그것이 현실이 될지라도 용기를 내십시오. 우리가 느끼는 실망이 실상은 하나님께서 정하신 바일 수도 있습니다. 우리 각자에게 특별한 기적을 행하시기 위해서 말입니다.

혼례에 청함을 받음

예수님은 요단강에서 세례 요한에게 세례를 받으시고 공생애를 시작할 준비를 하셨습니다. 우린 예수님께서 이 땅에서 일어난 일 중 가장 중요한 사역인 온 인류를 구원하시는 사역을 시작하시면서 가장 상서로운 종교적 행사를 택하시지 않을까 생각해볼 수 있습니다.

하지만 예수님의 선택은 달랐습니다. 그분과 제자들은 결혼식 초대를 수락했고 사회적 책임을 다하기 위해 결혼식장에 참석했습니다. 요한은 말했습니다.

> 사흘째 되던 날 갈릴리 가나에 혼례가 있어 예수의 어머니도 거기 계시고 예수와 그 제자들도 혼례에 청함을 받았더니. (요 2:1~2)

서문에서 요한이 기적을 의미하는 단어로 "표적"을 썼음을 살펴보았습니다. 이 책에서 함께 공부하게 될 일곱 가지 기적은 메시지가 있는 기적입니다. 기적들은 도로 표지판처럼 한 목적지를 가리킵니다. 이 첫 번째 기적도 바로 그렇습니다.

예수, 잔치의 활력

이 기적이 어디에서 일어났는지 봅시다. 예수님은 기쁨이 넘치는 혼인 잔치에서 기적을 행하기로 하셨습니다. 이제 막 공생애를 시작하는 중요한 시점에 예수님이 굳이 시간을 내어 결혼식 같은 축하연에 참석하신 일을 이상하게 여기는 사람들도 있을 것입니다.

하지만 예수님은 기쁨의 삶을 사셨습니다. 그분은 다른 하객들과 마찬가지로 축제를 즐기셨으며, 신랑 신부와 함께 기쁨을 나누셨으리라 확신합니다. 이름 없는 이 부부가 예수님의 참석에 크게 기뻐하였을 것은 자명합니다.

요한은 이 신랑 신부의 이름을 밝히지 않았습니다. 이름이 나와 있지 않았다는 것은 그들이 평범한 사람들이라는 것을 말해줍니다.

이는 예수님이 우리와 같은 평범한 사람들을 사랑하시며, 우리 삶의 일상에 동참하신다는 것을 의미합니다. 잔치에서 마실 음료수를 신경 쓰시는 영광의 주님이 여기 계십니다! 예수 그리스도는 주일 오전 교회에서 여러분과 함께 있기를 원하시고 또한 월요일 오전 일터에서도 함께하시고 싶어하십니다.

예수님은 소위 보잘것없는 우리 같은 사람들은 물론이고 우리의 소소한 일상의 일들까지도 소중하게 여기십니다.

최고의 조언

예수님이 혼인 잔치에 참석함으로써 아주 곤란한 상황이 굉장히 즐거운 상황으로 변했습니다.

> 포도주가 떨어진지라 예수의 어머니가 예수에게 이르되 저들에게 포도주가 없다 하니 예수께서 이르시되 여자여 나와 무슨 상관이 있나이까 내 때가 아직 이르지 아니하였나이다. 그 어머니가 하인들에게 이르되 너희에게 무슨 말씀을 하시든지 그대로 하라 하니라. 거기에 유대인의 정결 예식을 따라 두세 통 드는 돌항아리 여섯이 놓였는지라, 예수께서 그들에게 이르시되 항아리에 물을 채우라 하신즉 아귀까지 채우니 이제는 떠서 연회장에게 갖다 주라 하시매 갖다 주었더니. (요 2:3~8)

기쁨에 충만한 하객들이 웃고 떠들며 즐겁게 잔치가 벌어지고 있는데 마실거리가 동이 났습니다. 얼마나 난감한 상황입니까.

그러나 이 잔치에는 예수님이 계셨고, 그분은 기적을 행하실 마음의 준비가 되어 있으셨습니다.

그분의 기적의 권능이 실현되는 데 필요한 것은 바로, "너희에게 무슨 말씀을 하시든지 그대로 하라."라는 이 땅에서 가장 현명한 조언에 귀 기울이는 것이었습니다.

여기 모든 기적 뒤에 숨은 비밀이 있습니다. 만일 예수님께서 하라고 하신 것이 있다면, 그냥 하십시오!

왜 우리는 주 예수 그리스도에게 순종해야 합니까? 왜 우리는 즉각적이고도 기쁜 마음으로 온전히 자유 의지를 가지고 순종하는 법을 배워야 합니까? 그 이유는 다음과 같습니다.

첫번째 이유: 우리 자신을 위해서

예수님은 종들에게 돌항아리 여섯 개에 물을 가득 부으라고 하시고는 물을 조금 떠서 혼인 잔치를 주관하고 있던 사람에게 갖다 주라고 하셨습니다. 종들은 예수님께 순종하였고, 그럼으로써 이 놀라운 새 포도주가 어디서 왔는지 그 비밀에 동참하게 되었습니다.

물 떠온 하인들은 알더라. (요 2:9)

영적으로 무슨 일이 일어나는지 알고 싶다면, 종이 되십시오. 이 하인들은 혼인 잔치를 주관했던 사람도 모르는 것을 알았습니다. 하인들은 일이 일어나는 현장에 있었기 때문입니다.

아모스 3장 7절을 보면, 선지자는 "주 여호와께서는 자기의 비밀을 그 종 선지자들에게 보이지 아니하시고는 결코 행하심이 없으시리라."

고 말합니다. 섬기는 자는 곧 비밀을 아는 자들입니다.

내가 시무하는 벨뷰 침례교회에서도 같은 일이 일어납니다. 나의 비서인 린다 글랜스는 누군가가 목사만 읽기 바란다고 따로 표시하지 않는 이상 나에게 온 모든 편지를 먼저 읽습니다.

그리고 린다는 내가 불러주는 편지를 받아쓸 때도 내가 무엇을 생각하고, 무엇을 말하는지, 그들이 누구이며, 어디에 있는 사람들인지 다 압니다. 린다는 저를 신실하게 섬기는 사람이기에 이 모든 것을 다 압니다.

예수님께서 그분을 섬기는 사람들에게 뭐라고 말씀하시는지 봅시다. 이제부터는 너희를 종이라 하지 아니하리니 종은 주인이 하는 것을 알지 못함이라. 너희를 친구라 하였노니 내가 내 아버지께 들은 것을 다 너희에게 알게 하였음이니라. (요 15:15)

종에게는 왕의 친구가 되는 길이 열리는 것입니다.

두번째 이유: 다른 이들의 기쁨을 위해

여러분 자신뿐 아니라 다른 사람들의 기쁨을 위해서 예수님께 순종하십시오.

나는 우리 교회 교인들에게 나를 위해서 이렇게 기도해달라고 말합니다.

"주님, 로저스 목사가 당신께 순종하도록 도와주십시오."

왜입니까? 내가 예수님께 순종할 때, 내가 섬기는 사람들이 기쁨을 누리며 축복을 받기 때문입니다.

순종이 중요합니다. 주님은 기적을 행하실 때 보통 다른 사람들을 통해서 하시기 때문입니다. 예수님은 인간의 도움 없이 기적을 행하실 수 있으십니다. 하지만 주님은 종들에게 돌항아리를 채우라고 하셨듯이 종종 사람을 도구 삼아 기적을 행하십니다.

세번째 이유: 하나님의 영광을 위해

요한은 이 기적을 행하심으로써 예수님의 영광이 나타났다고 말합니다. 어떻게 이 기적을 통해서 그의 영광이 나타났습니까?

그분은 하나님 아버지께 순종하였는데, 순종은 언제나 하나님을 영광되게 하기 때문입니다. 예수님은 말씀하셨습니다.

> 너희는 나를 불러 주여 주여 하면서도 어찌하여 내가 말하는 것을 행하지 아니하느냐. (눅 6:46)

예수 그리스도를 우리의 주님이요 구주라 부르면서 그분께 순종하지 않는다면 무슨 의미가 있겠습니까? 우리가 그분께 순종한다면 그분께 영광을 돌리는 것입니다. 이것이 바로 우리가 존재하는 목적입니다.

하루는 베드로와 그의 동료들이 밤을 새워 그물을 거두어들였습니다. 하지만 물고기를 한 마리도 잡지 못하였습니다. 주 예수께서 배에 오르셔서 베드로에게 말씀하셨습니다.

> 깊은 데로 가서 그물을 내려 고기를 잡으라. (눅 5:4)

베드로는 대답하였습니다.

> 선생님 우리들이 밤이 새도록 수고하였으되 잡은 것이 없지마는 말씀에 의지하여 내가 그물을 내리리이다. (눅 5:5)

베드로는 어부로 잔뼈가 굵은 사람으로 다시 시도해봤자 아무 소용이 없을 것이라는 것을 알았습니다. 그러나 어쨌든 예수님께 순종하였고, 그 결과 그물이 찢어질 정도로 물고기가 잡혀 올라왔습니다.

베드로가 말한 "말씀에 의지하여" 이 문구를 우리 삶의 신조로 삼기를 원합니다. 마리아는 혼인 잔치에서 하인들에게 무엇이든 예수님이 이르시는 대로 행하라고 말하였고, 이에 예수님은 기적을 행하셨습니다.

그분께 순종하는 것이 항상 관건입니다. 인간이 하나님의 명령을 항상 이해할 수 있는 것이 아닙니다. 인간의 이성으로 판단하려 들지 마십시오. 그냥 순종하십시오. 이것이 기적을 일으키는 비법입니다.

이 기적을 세부적으로 들여다보면 상징으로 가득합니다. 요한은 요한복음 2장 6절에서 여섯 개의 돌항아리가 "유대인의 정결 예식을 따라" 놓여 있었다고 밝힙니다. 그리고는 예수님이 물을 포도주로 바꾼 다음 상황에 대해 이렇게 쓰고 있습니다.

연회장은 물로 된 포도주를 맛보고도 어디서 났는지 알지 못하되 물 떠온 하인들은 알더라. 연회장이 신랑을 불러 말하되 사람마다 먼저 좋은 포도주를 내고 취한 후에 낮은 것을 내거늘 그대는 지금까지 좋은 포도주를 두었도다 하니라. (요 2:9~10)

포도주-기쁨

여기에 어떤 상징이 들어 있습니까?

첫째, 성경에서 포도주는 기쁨을 상징합니다. 예를 들면, 시편 104편 15절은 '사람의 마음을 기쁘게 하는 포도주'라고 말합니다.

잠언 23장 31절은 '포도주는 붉고 잔에서 번쩍이며 순하게 내려가나니 너는 그것을 보지도 말지어다.'고 말합니다. 즉, 술이 잘 익었을 때 보지 말라고 하는 것입니다. 당연히 포도주가 익을 때가 있으면 익지 않을 때도 있겠지요. 하나님의 말씀은 익지 않은 포도 주스도 포도주라고 부른다는 것을 기억합시다.

잠언 23장 32절은 취하는 포도주에 대해 "그것이 마침내 뱀같이 물 것이요 독사같이 쏠 것이며"라고 경고합니다. 가나 혼인 잔치의 포도주는 깨끗한 포도주이며 절대 오염된 것이 아닙니다. 사단은 예수님의 기쁨을 빼앗기 위해 우리를 취하게 합니다.

6개의 돌항아리 - 인간

여섯 개의 돌항아리는 무엇을 상징할까요?

요한계시록 13장 18절을 보면 6이라는 숫자는 사람의 수입니다.

가나 혼인 잔치에서의 돌항아리들은 토기입니다. 다시 말하면, 사람이 흙으로 만들어졌듯 이 항아리들도 흙으로 만들어졌다는 뜻입니다(고린도후서 4장 7절을 보면 우리는 '질그릇'입니다). 따라서 이 여섯 개의 돌항아리는 인간을 말합니다.

돌항아리-전통적 종교

요한복음 2장 6절을 보면, 이 돌항아리들이 유대인의 정결 예식을 행하는 데 쓰였다고 합니다. 손을 씻는 종교적 의식을 위해 그곳에 있었던 것입니다. 마가복음 7장에 이 의식에 대해 자세히 나와 있습니다.

바리새인들과 또 서기관 중 몇이 예루살렘에서 와서 예수께 모여들었다가 그의 제자 중 몇 사람의 부정한 손, 곧 씻지 아니한 손으로 떡 먹는 것을 보았더라. (바리새인들과 모든 유대인들이 장로들의 전통을 지키어 손을 잘 씻지 않고서는 음식을 먹지 아니하며, 또 시장에서 돌아와서도 물을 뿌리지 않고서는 먹지 아니하며, 그 외에도 여러 가지를 지키어 오는 것이 있으니 잔과 주발과 놋그릇을 씻음이더라) 이에 바리새인들과 서기관들이 예수께 묻되 어찌하여 당신의 제자들은 장로들의 전통을 준행하지 아니하고 부정한 손으로 떡을 먹나이까. (막 7:1~5)

그 시대의 유대인들은 식사하기 전에 팔꿈치까지 아홉 번을 씻어 물이 팔꿈치로 떨어지게 했다고 합니다. 많은 종교 의식들처럼 이 정결 의식도 이제는 아무 의미 없는 행사로 전락하였습니다. 종교 지도자들은 예수님께 제자들이 관례를 따르지 않은 것에 대해 질문하였습니다. 예수님은 이렇게 대답하셨습니다.

이사야가 너희 외식하는 자에 대하여 잘 예언하였도다. 기록하였으되 이 백성이 입술로는 나를 공경하되 마음은 내게서 멀도다. (막 7:6)

이 돌항아리들은 사람들이 만든 전통적인 종교를 의미합니다. 외식으로 가득 찬 차가운 돌항아리는 실재는 없고 종교만 있는 인류를 대변하는 것입니다. 사람들이 종교를 버리고, 진정한 구원을 누리게 되는 날이 온다면 정말 좋을 것입니다.

가득 채우라

예수님이 종들에게 돌항아리를 채우라고 하셨을 때, 그들은 '아귀까지' 가득 채웠습니다(요 2:7). 왜 끝까지 채웠을까요? 예수님께서 율법을 완성하러 오셨다고 하셨을 때, 율법의 '일점 일획'도 결코 없어지지 아니하고 다 이루리라 말씀하셨습니다(마 5:17~18).

모세의 율법이 명한 모든 공의는 주 예수님이 다 이루셨습니다. 혼인 잔치에서의 돌항아리들이 마지막 한 방울까지 남김없이 끝까지 채워졌던 것처럼, 예수님은 히브리어 알파벳의 가장 작은 부분인 마지막 일점 일획까지도 다 이루셨습니다.

끝없이 샘솟는 우물

요한복음 2장 8절을 보면, 예수님은 하인들에게 "이제는 떠서 연회장에게 갖다 주라."라고 명령하셨습니다. 하인들이 포도주로 변한 물을 돌항아리에서 떴을까요? 나는 그렇게 생각하지 않습니다. 그 항아리들은 아가리까지 이미 가득 차 있었습니다.

나는 하인들이 돌항아리를 채웠던 그 우물물에서 물을 떠왔다고 생각합니다. 요점을 말하자면, 그 돌항아리는 오래된 모세 율법을, 우물은 예수님이 새로 주시는 법을 의미하는 것입니다.

내 생각에는 이 행동을 통해 예수님이 이렇게 말씀하시는 것 같습니다.

"내가 이전 것을 다 이루고 새 것을 가져왔으니, 더 이상 이 돌항아리는 필요 없다. 우물이 있지 않느냐. 너에겐 내가 있지 않느냐. 내가 온 것은 너로 하여금 생명을 얻게 하고 더 풍성히 얻게 하려는 것이니라." (요 10:10)

선지자 이사야도 이렇게 말하지 않았습니까?

너희가 기쁨으로 구원의 우물들에서 물을 길으리로다. (사 12:3)

잔치 초반에 내었던 포도주는 잔치를 위해 준비했던 포도주 중 최상의 것이었지만, 예수님이 나중에 주신 것보다 좋지 않았습니다. 질만 떨어질 뿐만 아니라, 양도 한정돼 있었습니다. 하지만 기쁨의 샘이신 예수님은 질적으로나 양적으로도 다함이 없으십니다.

예수님이 이 기적을 행하신 후, 포도주는 하객들 모두에게 넉넉히 돌아갈 만큼 충분해졌습니다. 연회장은 그 포도주의 뛰어남을 증거했고, 제일 좋은 것을 마지막까지 아껴둔 것이 매우 지혜로웠다며 신랑을 칭찬했습니다. 이 부분과 관련해서 다음에 더 자세히 다루도록 하겠습니다.

이 말에 기뻐했을 신랑을 상상해봅시다. 예수님이 기적으로 만드신 포도주를 즐겼을 신랑 신부와 하객들의 기쁨을, 아들이 신성한 권능을 행하는 것을 본 마리아의 기쁨을 상상해봅시다. 그리고 이미 기쁜 가운데 더 풍성한 기쁨을 가져다준 예수님의 기쁨도 상상해봅시다.

차고 넘치는 기쁨

예수님이 우리에게 주시는 풍성한 삶이 얼마나 아름다운지요. 비단 포도주뿐만 아니라, 예수님이 오천 명을 먹이셨을 때에도 모두 배불리 먹고도 열두 광주리에 찰 만큼 음식이 남았습니다(막 6:43).

탕자가 아버지의 집으로 돌아갈 생각을 하면서 이렇게 혼잣말을 했습니다.

내 아버지에게는 양식이 풍족한 품꾼이 얼마나 많은가. (눅 15:17)

주님이 우리를 구원하실 때, 우리의 삶을 풍성하고도 자유롭게 하십니다. 우리의 죄를 용서하기만 하시는 것이 아니라 성경에 말씀하신 대로 후히 용서하십니다.

만일 당신이 누군가한테 잘못해서 "날 부디 용서해주기 바랍니다."라고 말했다고 가정해봅시다.

그 상대방이 "뭐, 괜찮아요. 용서할게요."라고 말하면, 그것은 용서입니다. 그러나 만일 당신을 품에 끌어안으며 넘치는 사랑을 부어준다면, 그것은 후한 용서입니다. 이것이 바로 우리가 예수님께 받는 용서입니다.

또한 우리는 그분 안에서 풍성히 채워짐을 누립니다. 포도주는 하객들이 마음껏 먹을 수 있도록 준비되었습니다. 바울은 기도했습니다.

우리 가운데서 역사하시는 능력대로 우리가 구하거나 생각하는 모든 것에 더 넘치도록 능히 하실 이에게. (엡 3:20)

우리는 이 기적에서도 매우 풍부하게 베푸심을 볼 수 있습니다. 예수님은 온갖 무의미한 의례와 의식, 종교로 가득 찬 우리의 마음을 그분 자신과 기쁨으로 가득 채우십니다.

기적의 의미

이 기적의 의미도 잘 이해해야 합니다. 바로 예수님은 변화시키는 분이라는 것입니다. 우물물을 가장 좋은 포도주로 바꾸셨습니다. 이처럼 이 땅에 사셨을 때도 변화시키는 기적을 일으키셨으며, 지금도 여러분이나 저 같은 사람들을 여전히 변화시키고 계십니다.

누군가 이런 통찰력이 가득한 말을 했습니다.

"자연은 우리의 형체를 만들고, 죄는 우리를 추하게 만들고, 교육은 우리를 분별하게 만들고, 회개는 우리를 고치게 만들고, 예수님은 우리를 새 사람으로 만드신다."

예수님은 베드로를 어떻게 변화시키셨습니까? 난폭하고, 무뚝뚝하고, 냄새나는 어부를 오순절의 타오르는 사도로 바꾸셨습니다.

네 번째 복음서를 쓴 요한은 어떻게 변화시키셨습니까? 우리는 요한 하면 나이 많고 부드러운 사랑의 사도를 떠올립니다. 그러나 요한은 폭발할 것 같은 혈기를 가진 청년이었습니다. 별명이 '우레의 아들(막 3:17)'이었던 것을 기억하십시오. 이 같은 제자를 사랑의 사도로 바꾸신 분도 예수님이십니다.

예수님은 세리였던 마태를 사도 마태로 변화시키시고 성령으로 택하시어 복음서를 쓰게 하셨습니다.

예수님이 일곱 귀신을 쫓아내셨던 막달라 마리아의 인생을 어떻게 변화시키셨는지도 떠오릅니다(눅 8:2). 그 여인은 예수님의 부활을 알리는 최초의 전령사가 되었습니다.

구세군 집회 때 한 남자가 간증하고 있었는데, 인파 속에서 한 방해꾼이 소리를 질렀습니다.

"입 다물고 앉지 그래? 그리고 꿈 깨셔!"

그때 방해꾼의 코트를 잡아당기며 꼬마 숙녀가 말했습니다.

"아저씨, 지금 저기서 말씀하시는 분, 우리 아빠세요. 옛날에 우리 아빠는 술꾼이었어요. 술을 사는 데 돈 다 쓰시고요. 엄마는 너무 슬퍼서 툭하면 우셨어요. 제일 환하게 웃고 있는 분이 우리 엄마예요. 엄마 지금 너무 행복하대요. 다리미질하실 때에도 노래하실 정도라니까요."

그리고 꼬마 숙녀가 이어서 말했습니다.

"아저씨, 우리 아빠가 꿈꾸고 있다 해도 깨우지 마세요."

나는 이 이야기가 정말 좋습니다. 내가 하고 싶은 말을 너무나 온전히 그리고 있기 때문입니다. 이 기적은 예수님이 변화시키시는 분이라는 것을 분명하게 보여줍니다. 그분은 누구든 나아오기만 하면 철저하게, 극적으로 눈부시게, 그리고 영원히 변화시킬 수 있으십니다.

가장 좋은 것은 아직 남아 있습니다.

요한복음 2장 1절에서 봤듯이 예수님은 이 기적을 '사흘 되던 날'에 행하셨습니다. 이 표현은 기적이 있기 전 이틀 동안 예수님이 행하신 일을 떠올리게 하는데, 바로 수제자들을 모으신 것입니다(요 1:29, 35).

왜 성령께서는 요한을 감동시켜 이렇게 상관없어 보이는 세부사항까지 기록하게 하셨을까요? 새 천 년을 맞이한 우리에게 특히 더 중요한 의미가 있는 예언 같다고 생각합니다.

베드로는 말했습니다.

주께는 하루가 천 년 같고 천 년이 하루 같다는 이 한 가지를 잊지 말라.
(벧후 3:8)

이 말씀대로라면 예수님께서 혼인 잔치에서의 기적을 일으키신 지 이틀이 되었다고도 말할 수 있을 것입니다. 예수님이 육신을 입으시고 이 땅에 오신 지 이천 년이 지났지만 하나님이 보시기에는 이틀인 것입니다.

역사적으로 이틀의 시간이 지났고, 이제 삼 일째 되는 날을 맞이하였습니다. 나는 이 세 번째 날에 영광의 여명이 비칠 것을 믿습니다. 그리고 이 혼인 잔치의 기적은 다가올 또 다른 혼인 잔치를 예시한다고 믿습니다. 지금 말씀드리는 것은 "어린 양의 혼인 잔치"입니다(계 19:9). 나는 그날 그 자리에 있을 것을 고대합니다. 여러분도 그렇습니까?

우리가 그날의 혼인 잔치가 열리는 데 있노라면, 기쁨의 포도주가 값없이 주어질 것이고, 그리스도의 영광이 풍성하게 나타날 것입니다. 다가올 혼인 잔치는 예수님의 권능과 위대한 영광으로, 과거의 혼인 잔치와는 비할 바가 아닐 것입니다.

앞서 본 것처럼 연회장은 예수님이 기적으로 만든 포도주를 맛보고는 신랑을 불러 제일 좋은 것을 마지막까지 아껴두었다며 칭찬을 했습니다. 예수님은 언제나 제일 좋은 것을 마지막까지 아껴두십니다. 그러나 사단은 자기가 줄 수 있는 최고의 것을 먼저 줍니다.

성경은 사단이 취하는 방법과 관련하여 "속이고 취한 음식물은 사람에게 맛이 좋은 듯하나 후에는 그 입에 모래가 가득하게 되리라(잠 20:17)."고 말합니다. 죄악의 낙은 '잠시'일 뿐이라고 했습니다(히 11:25). 한순간에 머물고 말 때도 있습니다. 죄는 처음엔 매력적이지만, 결국은 우리를 흥분시킨 다음에 죽게 합니다.

주 예수를 안다면, 이렇게 진심으로 노래하게 될 것입니다.

"예수님과 함께라면 매일 매일이 이전보다 더 좋아요."

나는 십대 초반, 어느 주일날 아침 주일 학교 뒤에 있는 오솔길을 따라 걷다가 들었던 이 노래를 절대 잊지 못합니다. 우리 식구들이 교회를 다니지 않았기 때문에 나도 주일 학교에 나가지 않았습니다. 그런데 주일 학교 합창단이 부른 이 노래를 듣게 된 것입니다.

'말도 안 돼. 어떻게 더 좋아질 수만 있어?'

예수님을 알게 되면 좋겠다는 것을 부인하진 않았지만, 그 노래 가사가 믿기지 않았습니다. 그러나 구원받은 이래로 나는 그 노래가 절대적으로 맞다는 것을 알게 되었습니다.

지금 주 예수 그리스도를 내 생애 그 어느 때보다 더 사랑한다고 믿고 있지만, 내일 그분을 더 사랑하게 되기를 기대합니다. 나는 예수님이 부어주신 그 기쁨의 포도주를 마음껏 음미하고 있습니다.

마귀는 처음에 최고의 달콤함을 주지만, 그것은 점점 더 쓰게 변할 뿐입니다. 그리스도를 알지 못하는 사람들의 인생은 그렇게 진행됩니다. 유년기의 경이로움에서부터 인생을 시작합니다. 청년기에는 비전과 열정도 있으며, 장년이 되어서는 힘도 있습니다. 그러나 중년이 되면서 삶의 치열함으로 인해 지치기 시작합니다. 나이가 들어감에 따라 점점 약해지고 모든 것이 악화되기 시작합니다. 결국 사람들은 고통스럽고 쓸쓸한 황혼을 맞이하게 됩니다. 그래서 마귀에게 붙잡힌 인생은 행복할 수 없는 것입니다.

예수님의 첫 번째 기적은 그분의 영광을 나타낸 것입니다. 그러나 나는 그분이 다시 오실 날이 너무나 기다려집니다. 하나님의 자녀라면, 지금까지 겪었던 모든 고통과 아픔이 무덤 저편으로 묻힐 것입니다. 그분의 재림을 기다릴 수 있게 해주신 하나님께 감사드립니다.

그분 안에서 실망이란 없습니다

이 기적에는 중요한 메시지가 있습니다. 바로 예수님은 변화시키시는 분이라는 것입니다. 죄인들을 하나님의 자녀로 바꾸는 데는 은혜의 기적이 필요합니다.

은혜의 기적은 언제나 영광의 기적보다 더 위대합니다. 예수님은 우리를 구하기 위해서 직접 십자가에 매달리셔야 했습니다. 당신이 만일 하나님의 자녀라면, 이미 가장 큰 기적 중의 기적을 경험한 것입니다. 다시 태어나 새 삶을 얻었으니까요.

기적이 일어나려면

우리가 필요한 것을 하나님이 채워주시는 그곳에서 기적이 일어납니다.

우리가 필요한 것 — 실망 대신 기쁨

- 가족에 대한 실망 대신 기쁨
- 경제적 실망 대신 기쁨
- 육체적(건강) 실망 대신 기쁨
- 영적 실망 대신 기쁨

우리가 필요한 것을 채워주심

- 예수님이 함께하심 : 실망 대신 그분의 임재로 채우기
- 예수님이 조언해주심 : 실망 대신 그분이 주시는 소망의 말씀으로 채우기
- 예수님의 풍성하심 : 실망을 극복하게 하는 그분의 마르지 않는 샘으로 채우기

예수님 안에서 필요한 것을 채우는 법

- 예수님이 말씀하신 대로 하기: 실천하라고 말씀하신 것에 순종하기
- 타인을 기쁘게 하려고 노력하기: 도움과 위로가 필요한 사람들을 돕기
- 하나님의 영광 구하기: 그분께 존귀와 영광을 드릴 수 있도록 하시는 일에 쓰임을 받게 해달라고 구하기
- 실망의 자리에 찬양으로 채우기: 예수님을 보내주심을 감사하고, 그분으로 인해 기쁨과 평안이 넘침에 감사하기

제 4 장
네 아들이 살았다

예수님은 우리의 의심을 확신으로 바꾸는
하나님의 응답이십니다

삼가 혹 너희 중에 누가 믿지 아니하는 악한 마음을 품고 살아 계신 하나님에게서 떨어질까 조심할 것이요. (히 3:12)

의심을 품고 예수님을

섬기는 것은 계속 브레이크를 밟으면서 운전하는 것과 같습니다. 우리에게는 강한 믿음이 꼭 필요합니다.

예수님께서도 "너희 믿음대로 되라."라고 하셨습니다(마 9:29). 몇 해 전에 이런 말을 들었습니다.

"믿음으로 기도하면 받을 것이요, 의심하며 기도하면 받지 못할 것이다."

나도 의심 없는 믿음을 원했었습니다. 그래서 여러 해 동안 눈을 부릅뜨고 진짜 기적이 일어나기를 기다리기도 했었습니다. 이 두 눈으로 기적 하나만 볼 수 있다면 나의 믿음은 의심 없이 더 강해질 것이라고 생각했었습니다.

그런데 성경에서 예수님이 행했던 기적들을 읽으면서 발견한 사실은, 예수님께서는 기적을 일으키신 뒤 결코 광고하신 적이 없다는 것입니다. 그리고 보니 지금은 기적을 일으킨다고 떠벌리는 사람들이 실제로는 기적을 행하지 않는다는 것도 알게 되었습니다.

혹시 여러분이 예전의 나와 같다면, 요한복음에 나와 있는 두 번째 기적은 바로 여러분을 위한 이야기입니다. 이 이야기를 살펴보면서 여러분은 현재 그대로의 모습으로 하나님께 나아갈 수 있음을 알게 될 것입니다. 말씀드릴 샬롯 엘리엇도 그렇게 있는 그대로의 모습으로 예수님께로 나아갔던 여인이었습니다.

샬롯은 영국 브라이튼 일대에서 매력적이고, 끼 많고, 쾌활한 젊은 여성으로 유명했습니다. 그녀는 작곡가 겸 가수로서 행복한 인생을 살고 있었습니다.

그러던 그녀가 서른 살 때 병에 걸려 남은 생을 불구로 살게 되었습니다. 무기력하고 우울증에 빠져 지내던 어느 날, 시저 밀란이라는 유명한 스위스의 복음주의 목사가 그녀를 방문하였습니다.

목사는 절망에 빠진 샬롯을 보고 말했습니다.

"샬롯, 있는 그대로, 죄인된 모습 그대로, 예수님께 나아가야 합니다. 예수님은 우리를 대신해서 세상의 죗값을 이미 다 치르셨습니다!"

샬롯은 그 자리에서 예수 그리스도께서 구원하셨다는 것을 믿었습니다. 그리고 여든두 살의 일기를 끝으로 세상을 떠나기까지, 점점 쇠약해져 가는 육체 가운데서도 마음의 평안과 기쁨을 누렸습니다.

샬롯 엘리엇은 자신의 기쁨을 표현하기 위해, 예수님께 나아가 구원받은 큰 기쁨을 그리기 위해, 〈큰 죄에 빠진 날 위해(새찬송가 282장)〉라는 찬송을 썼습니다.

이 곡은 우리 모두가 어떻게 예수님께로 나아가야 하는지를 잘 보여줍니다. 우리는 언제나 있는 그대로의 모습으로, 언제든 믿음을 갖고 나아가야 합니다. 가버나움 출신의 한 왕의 신하도 어느 날 이 진리를 깨달았고, 그 자신은 물론 온 가족이 다 믿고 구원받았습니다. 이 이야기는 요한이 기록한 두 번째 기적입니다.

　우리 모두 좋은 믿음을 갖기 소원하고, 또 가질 필요가 있다고 생각합니다. 하지만 그것 이상으로 중요한 것이 있습니다. 그건 바로 우리의 모든 생각과 마음까지 내려놓을 수 있는 강한 믿음입니다. 가장 어두운 의심과 곤궁에 처할지라도 우리를 강하게 붙들어줄 강한 믿음이 필요합니다. 이 믿음이 바로 요한복음 4장에 나오는 왕의 신하가 필요로 했던 믿음입니다. 그러나 그 믿음에 이르기까지 여러 난관이 있었습니다. 이제부터 그 난관들이 무엇인지, 어떻게 예수님이 그것들을 없애셨는지 살펴봅시다.

강한 믿음이 되기까지의 험란한 여정

　요한복음 4장 43절에서 45절을 보면, 예수님께서 갈릴리 지방의 가나, 즉 전에 혼인 잔치에 참석하여 포도주를 만드신 곳으로 다시 돌아오시고 있는 중이었습니다.

　예수께서 다시 갈릴리 가나에 이르시니 전에 물로 포도주를 만드신 곳이라. 왕의 신하가 있어 그 아들이 가버나움에서 병들었더니 그가 예수께서 유대로부터 갈릴리에 오셨다는 것을 듣고 가서 청하되 내려오셔서 내 아들의 병을 고쳐 주소서 하니 그가 거의 죽게 되었음이라. (요 4:46~47)

여기 심각한 문제가 있는 한 남자가 있습니다. 그는 왕의 신하로서 특권과 능력이 있습니다.

그런 그였지만 자신의 능력과 재산으로도 어쩔 수 없는 문제가 있습니다. 아들이 죽어가고 있는 것입니다. 그리고 이제 이 남자는 예수님께 믿음을 두기까지 여러 난관을 거치게 됩니다.

난관 1: 간접 신앙

나는 첫 번째 난관을 간접 신앙이라고 부르겠습니다. 이 남자는 아마 예수님에 대해서 들었을 것입니다. 다른 사람들이 예수님이 행하신 기적에 대해 말하는 것을 들은 게 전부였을 것입니다.

그는 어떻게 예수님이 가나에서 물을 포도주로 바꾸셨는지에 대해 들었습니다(요 4:46). 그리고 이제 예수님이 가나로 다시 돌아오셨기에 이 왕의 신하는 예수님을 만나러 갔습니다.

이 사람이 무슨 생각을 하고 있었을지 우리는 정확히 추측할 수 있습니다. 우리 아이가 아팠다면 우리도 똑같이 생각했을 것입니다. 예수님이 만일 물을 포도주로 바꿀 수 있다면, 아픈 자기 아들도 고칠 수 있지 않을까 생각한 것입니다.

그래서 그는 가버나움에서 예수님이 첫 번째 기적을 일으키셨던 가나로 간 것입니다. 거기서 그는 주님께 매달리며 아들을 고쳐달라고 간청했습니다.

그런데 주님은 아들을 고쳐주시기는커녕 이 남자를 꾸짖듯이 충고하십니다.

너희는 표적과 기사를 보지 못하면 도무지 믿지 아니하리라. (요 4:48)

하지만 이 남자는 너무나 절박했고, 신학적인 이야기는 들리지도 않았습니다. 그저 "내 아이가 죽기 전에 내려오소서."라고 말하였고, 이에 예수님께서는 "가라. 네 아들이 살았다."고 하셨습니다(요 4:49~50).

중요한 것은 이 남자의 마음속에 믿음의 꽃이 활짝 필 수 있는 옥토가 있느냐 하는 것입니다. 간접 신앙은 강한 신앙이 아닙니다. 어머니의 믿음이나 담임 목사의 믿음, 이웃의 믿음, 혹은 어느 누군가 다른 사람의 믿음으로 천국에 갈 수 있는 게 아닙니다. 예수님에 대해서, 그분이 다른 사람들을 위해 하신 일들에 대해서 들을 수는 있겠지만, 그것은 다 간접 신앙일 뿐입니다.

하루는 예수님께서 제자들에게 물으셨습니다.

사람들이 인자를 누구라 하느냐. (마 16:13)

제자들은 사람들에게 들은 바들을 말하였습니다. 그때 예수님께서는 핵심을 찌르는 질문을 던지십니다.

너희는 나를 누구라 하느냐. (마 16:15)

베드로가 대변인처럼 모두를 대신해 단호하게 이렇게 말합니다.

주는 그리스도시요 살아 계신 하나님의 아들이시니이다. (마 16:16)

바로 이것입니다. 제자들은 누군가로부터 물려받은 믿음이 아닌, 흔들리지 않은 신뢰를 예수님께 두고 있었습니다.

이것이 요한복음 4장의 왕의 신하가 붙들어야 했던 진리입니다. 이 진리는 우리들도 붙들어야 합니다. 그렇지 않으면 우리의 신앙은 간접 신앙으로 전락하고 맙니다.

난관 2: 표적을 구하는 신앙

강한 믿음에 이르기 전, 이 왕의 신하는 또 다른 난관에 부딪힙니다. 그의 신앙은 간접 신앙이었을 뿐 아니라, 표적을 구하는 신앙이었기 때문입니다.

예수님이 요한복음 4장 48절에서 하신 "표적과 기사를 보지 못하면 도무지 믿지 아니하리라."는 대답을 보면 그의 신앙 상태를 확실히 알 수 있습니다.

예수님은 이렇게 꾸짖으셨습니다.

악하고 음란한 세대가 표적을 구하나. (마 12:39)

사람들은 말하였습니다.

"하늘로부터 내려오는 표적을 보여주면 우리가 믿겠노라."

예수 그리스도께서 십자가에 못 박혀 죽으신 중에도 사람들은 기적을 보면 믿겠다며 이렇게 말했습니다.

지금 십자가에서 내려올지어다. 그리하면 우리가 믿겠노라. (마 27:42)

여기서 흥미로운 사실은 이 불신자들이 보여달라고 했던 '표적'이라는 단어를 요한이 이 일곱 기적을 기록할 때 썼다는 것입니다. 즉, 예수님께서는 그들이 보여달라고 청했던 그 표적을 이미 행하고 계셨던 것입니다.

믿을 만한 표적이 없는 것이 문제가 아니라, 이미 사람들이 믿지 않겠다는 마음을 먹은 데 있습니다. 사람들은 예수님을 믿기 위해서가 아니라 예수님께서 기적을 행하실 수 없기를 바라는 그릇된 심산으로, 예수님께 기적을 요구하였다는 것입니다. 예수님은 절대 이런 요구에 넘어가지 않으셨습니다.

너무나 많은 사람들이 예수님께서 표적을 하나만 행해주시면 예수님을 모두 믿겠구나라고 생각합니다.

하지만 사실 기적은 전도에 그다지 좋은 도구가 아니라는 사실입니다. 잠시 요한복음 2장으로 다시 돌아가보겠습니다.

유월절에 예수께서 예루살렘에 계시니 많은 사람이 그의 행하시는 표적을 보고 그 이름을 믿었으나 예수는 그의 몸을 저희에게 의탁하지 아니하셨으니, 이는 친히 모든 사람을 아심이요 또 사람에 대하여 누구의 증언도 받으실 필요가 없었으니. (요 2:23~25)

한 무리의 사람들은 예수님의 기적들을 보고 그를 믿고 따랐습니다. 그러나 요한복음 2장 24절에서 예수님은 그 몸을 저희에게 '의탁'하지 아니하셨다고 말합니다. '의탁'이라는 단어는 헬라어로 '믿다'는 뜻으로, 23절에서 사람들이 예수님을 '믿었다'고 할 때 쓰인 단어와 같은 단어입니다. 즉, 사람들은 예수님을 믿었으나 예수님은 그 사람들을 믿지 않으셨다는 말입니다.

예수님께서는 사람들이 자기를 따랐던 이유가 그들을 구원해줄 메시야라서가 아니라 단지 기적 때문이라는 것을 아셨습니다. 사람들이 갈망했던 것은 하나님이 아니라 표적, 기적이었던 것입니다.

예수님이 오천 명을 먹이셨던 기적도 이와 같았습니다. 사람들은 "야, 이거 좋은데! 걸어다니는 식당이야!"라고 말했을 것입니다. 예수님은, "너희가 나를 찾는 것은…… 떡을 먹고 배부른 까닭이로다(요 6:26)."라고 말씀하셨습니다.

그들의 변덕스러운 신앙은 그날 바로 입증되었습니다. 예수님께서 영원한 진리, 즉 그의 살을 먹고 그의 피를 마시며 그분을 삶 가운데 영접하여야 영생한다는 진리를 말씀하시기 시작하자 사람들은 예수님을 떠나기 시작했습니다(요 6:66). 예수님은 제자들에게까지 이렇게 물으셔야 했습니다.

너희도 가려느냐? (요 6:67)

예수님은 인간을 아셨습니다. 예수님은 기적을 쫓아다니고 표적과 이적을 구하는 이들에게 강한 믿음은커녕 아주 자그마한 믿음조차도 없다는 것을 아셨습니다. 이 왕의 신하도 표적을 구하는 신앙이 있었던 것입니다.

21세기에 들어설 때 여기저기서 초능력으로 기적을 행하는 사람들이 있다는 소리를 많이 들었습니다. 그런데 표적과 이적을 구하는 것이 왜 잘못된 것일까요?

표적과 이적 자체가 틀린 것은 아닙니다. 예수님도 행하셨습니다. 그러나 우리가 표적을 구하는 것은 하나님을 모욕하는 것입니다. "하나님, 나는 당신이 하는 말씀을 받아들일 수가 없습니다. 당신을 나에게 증명해 보이셔야겠습니다."라고 말하는 셈이 되기 때문입니다.

만일 당신이 한 아이의 아버지이고 아들에게 이렇게 말한다고 가정해봅시다.

"아들아, 네 은행 계좌에 10만 원을 넣었다."

"아이, 좋아라. 근데 아빠, 어떻게 아빠가 제 계좌에 돈을 넣으신 걸 확신할 수 있죠?"

"내가 얘기해주잖니, 아들아."

"알아요. 그래도 입금 영수증 좀 보여주실 수 있으세요? 확실한 증거가 있어야죠."

어떻습니까? 아버지로서 느낄 모욕감이 상상되지요. 우리는 하나님께 이렇게 말하는 셈입니다.

"나는 당신이 스스로의 말을 지키는 하나님이신지 확실한 증거가 필요합니다."

다른 제자들은 빈 무덤을 보았을 때, 예수님이 그들 앞에 나타나셨을 때, 예수님과 그분의 부활을 믿었습니다. 그러나 도마는 뭐라고 말했습니까?

내가 그의 손의 못 자국을 보며 내 손가락을 그 못 자국에 넣으며 내 손을 그 옆구리에 넣어보지 않고는 믿지 아니하겠노라. (요 20:25)

도마도 일주일 뒤 예수님을 만났고 믿음이 강해졌습니다. 그러나 그때 예수님은 도마에게 이렇게 말했습니다.

너는 나를 본 고로 믿느냐. 보지 못하고 믿는 자들은 복되도다. (요 20:29)

바로 나와 여러분 같은 사람들을 두고 말씀하시는 것입니다.

난관 3: 자기 본위 신앙

왕의 신하에게는 세 번째 신앙의 문제가 있었습니다. 바로 자기 중심적인 신앙입니다.

그의 관심은 자기 아이가 살아나는 것이었습니다. 기적 자체에 아무 문제가 없듯이 아이가 살길 바라는 것 역시 문제가 없습니다. 장담컨대, 내 아이가 아팠어도 천국은 내 기도로 시끄러웠을 것입니다.

하지만 문제는 여기에 있습니다. 이 남자는 예수 그리스도의 발 앞에 엎드려 경배부터 했어야 했습니다. 우리 중 너무 많은 사람들이 오직 우리 자신의 건강과 행복, 자녀와 가족의 행복에만 관심을 둘 뿐, 예수님의 뜻과 그의 나라에 대해서는 별로 신경을 쓰지 않습니다. 이것은 강한 믿음이 아닙니다.

강한 믿음은 하나님의 영광, 그리고 그분과의 올바른 관계에 우선적으로 관심을 기울입니다.

이 남자는 영적인 것 대신 육적인 것에, 영원한 것 대신 일시적인 것에 관심이 있었습니다. 우리가 가장 사랑하는 이가 예수님이 되기 전에는 우리는 마땅히 사랑해야 하는 가족들을 사랑할 수 없습니다.

난관 4: 완고한 신앙

자, 이제 이 왕의 신하가 강한 믿음에 이르기 위해 뛰어넘어야 하는 마지막 난관입니다. 그의 믿음은 자신의 고집이 살아 있는 완고한 신앙이었습니다.

그는 마치 예수님에게 명령하듯이 말합니다.

주여 내 아이가 죽기 전에 내려오소서. (요 4:49)

왕의 신하로서 그는 명령을 내리는 것에 익숙했습니다. 그는 주님께 그분이 무엇을 해야 하는지, 어떻게 해야 하는지, 언제 해야 하는지를 말하고 있는 것입니다.

그러나 4장 50절을 보십시오.

"예수께서 이르시되 가라 네 아들이 살아 있다."

놓치지 마십시오. 이 남자는 예수님께 '오소서'라고 말하였고, 예수님은 '가라'고 말씀하셨습니다.

여러분은 주님께 지시하듯 군 적이 있습니까? "말씀하십시오, 주님! 당신의 종이 지금 듣고 있습니다."라고 말하는 대신 "들으세요, 주님! 당신의 종이 지금 말하고 있지 않습니까?"라고 말한 적은 없습니까? 이것은 약한 믿음입니다. 강한 믿음은 하나님을 기다리고, 그분이 하시는 말씀을 귀 기울여 들으며, 하나님께서 무엇이라 말씀하시는지 알아듣는 것입니다. 강한 믿음과 완고한 신앙은 전혀 다른 것입니다.

믿음은 하나님께로부터 우리가 원하는 것을 받아내기보다 하나님께서 주시는 것을 받아들이는 것입니다.

믿음은 하나님을 자기 마음대로 움직이는 것이 아닙니다. 믿음은 하나님의 음성을 듣는 것이며, 하나님을 믿고 하나님이 말씀하시는 대로 행하는 것입니다.

이 남자는 왕의 신하였습니다. 그래서 생각하지도 않고 예수님께서 해야 할 일을 자기가 말했던 것입니다. 그러나 예수님은 그의 완고한 신앙을 그대로 내버려두시지 않았습니다.

강한 믿음을 갖게 되는 법

여기까지 살펴보면서 혹시라도 요한복음 4장에 나오는 왕의 신하가 죄가 많다거나 예수님께 나아온 것이 잘못이었다고 오해하지는 마십시오. 전혀 그렇지 않습니다. 그는 도움을 청해야 할 사람을 제대로 알고 왔습니다. 그리고 이제 막 기적이 그에게 일어나려 합니다.

예수님은 그의 아들을 고쳐주시는 것 이상으로 이 남자를 위해 예비하신 것이 있었습니다. 예수님은 이 이름 없는 귀족이 강한 믿음으로 나아갈 수 있도록 그의 발목을 붙들고 있는 여러 난관들을 제거하여 그에게 영적인 대혁명이 일어나기를 원했습니다.

요한복음 4장 50절 중반부터 변화가 일어나기 시작합니다. 이 남자에게 기적이 일어나려 하고 있습니다. 그러나 그는 이 기적을 넘어서서 예수님께 가려 하고 있습니다. 철저하고도 극적인 변화가 일어나는 순간입니다. 이제 어떻게 이 왕의 신하가 강한 믿음을 갖게 되는지, 그 네 가지 방법을 알려드리겠습니다.

첫째, 말씀을 들어야 합니다

예수님께서 이 남자에게 '가라!'고 말씀하셨을 때 제일 중요한 말씀을 덧붙이셨습니다.

"네 아들이 살아 있다."

이 말씀이 그의 귀에 들어가자 중요한 일이 그에게 일어났습니다. 바로, 그가 예수님이 하신 말씀을 들었던 것입니다. 주님의 말씀이 그의 마음과 머리에 자리잡은 것입니다.

강한 믿음의 첫 번째 특징은 이것입니다. 하나님의 말씀을 우선 들어야 합니다.

사도 바울은 말합니다.

그런즉 그들이 믿지 아니하는 이를 어찌 부르리요 듣지도 못한 이를 어찌 믿으리요 전파하는 자가 없이 어찌 들으리요. (롬 10:14)

그러므로 믿음은 들음에서 나며 들음은 그리스도의 말씀으로 말미암았느니라. (롬 10:17)

하나님 말씀이 꼭 물리적인 소리의 형태로 귀에 들어가야 한다는 의미가 아닙니다. 그러나 믿음을 갖기 위해서는 하나님께서 무슨 말씀을 하셨는지를 알아야 합니다. 왜냐하면 믿음은 하나님의 말씀에 대해 반응하는 것이기 때문입니다. 만일 사람들이 믿게 하고 싶다면, 그들이 뭔가 믿을 수 있을 만한 거리를 주어야만 합니다. 바로 하나님의 말씀을 주어야만 합니다.

둘째, 말씀을 믿어야 합니다

예수님이 하신 말씀을 들은 후, 이 남자는 예수님께서 하신 말씀을 믿었습니다. 듣기만 해서는 안 됩니다. 주일마다 교회에 앉아 말씀을 들으면서도 믿지 않는 사람들이 얼마나 많습니까?

혹자는 이렇게 얘기합니다.

"그게 바로 내 문제야. 왜 이렇게 믿는 게 어렵지? 아무리 노력해도 믿음이 안 생겨."

그러나 이 말은 틀린 말입니다. 믿지 않는 사람은 옳고 그름을 판단하는 데 문제가 있는 것이지, 이해하지 못하는 데 있는 것이 아닙니다. 문제는 머리에 있지 않고 마음에 있는 것입니다.

성경은 이렇게 경고합니다.

삼가 혹 너희 중에 누가 믿지 아니하는 악한 마음을 품고 살아 계신 하나님에게서 떨어질까 조심할 것이요. (히 3:12)

또한 이렇게도 말합니다.

어리석은 자는 그의 마음에 이르기를 하나님이 없다 하는도다. (시 14:1)

그들은 믿지 "않는" 것입니다. 불신앙은 약함이 아니고, 악함입니다. 하나님을 대적하는 행위입니다.

믿음은 하나님 그분 자신에게 반응하는 것이지, 그분이 한 일에 대해 반응하는 것이 아닙니다. 기억하십시오. 이 왕의 신하는 아들이 치유받은 것을 보기 전에 예수님을 믿었습니다. 그는 아무 표적도 이적도 보지 않았습니다. 그저 예수님이 하신 말씀을 받아들였습니다.

이 남자는 예수님의 얼굴을 보고 있습니다. 예수님은 그에게 "가라! 네 아들이 살았다."고 말씀하십니다. 이 남자는 표적이나 이적이 아닌, 예수 그리스도라는 그분 자체에 사로잡혀 있습니다.

다시 말씀드리겠습니다. 강한 믿음, 진정한 믿음은 마음과 영혼이 그리스도의 성품과 그분의 본성에 반응하는 것입니다. 표적이 필요하지 않습니다.

이 남자는 예수님을 찾은 이유인 기적을 본 것이 아니라, 그저 예수님께 반응하고 있는 것입니다.

셋째, 말씀에 순종해야 합니다

강한 믿음을 갖기 위한 세 번째 방법은 하나님의 말씀에 순종하는 것입니다. 예수님은 그에게 집으로 돌아가라고 말씀하셨고, 그는 말씀에 순종하여 갔습니다.

만일 예수님을 믿지 않았다면 여전히 표적을 요구하며 예수님께 아들을 고쳐달라고 간구하였을 것이나, 그는 철저하게 순종함으로써 믿음을 보여주었습니다.

진정한 믿음, 강한 믿음은 언제나 순종으로 연결됩니다. 로마서 16장 26절에서 사도 바울은 '믿고 순종함'에 대해 말합니다. 사도 야고보도 "영혼 없는 몸이 죽은 것 같이 행함이 없는 믿음은 죽은 것이니라."라고 야고보서 2장 26절에 썼습니다. 말씀에 순종하는 삶을 사는 것이 믿음입니다.

"그럼, 믿음과 행함이 함께 있어야 구원받는다는 말인가요?"라고 질문할 수도 있습니다. 그렇지 않습니다. 행함이 있는 믿음이 있어야 구원받는다는 말씀입니다. 행함이 없다면, 그것은 믿음이 아닙니다. 간단히 말해서, 믿기는 하지만 순종하지 않는다면 그것은 참 믿음이 아닙니다. 순종을 대신할 수 있는 것은 없습니다.

넷째, 말씀 안에서 안식해야 합니다

이 왕의 신하는 예수님의 말씀을 들었고, 믿었으며, 순종했습니다. 자, 이제 이 이야기에서 제일 멋진 부분이 나옵니다.

내려가는 길에 그 종들이 오다가 만나서 아이가 살아 있다 하거늘,

> 그 낫기 시작한 때를 물은즉 어제 일곱 시에 열기가 떨어졌나이다 하는지라. 그의 아버지가 예수께서 네 아들이 살아 있다 말씀하신 그때인 줄 알고 자기와 그 온 집이 다 믿으니라. (요 4:51~53)

지금 무슨 일이 일어났는지 아십니까? 이 왕의 신하가 예수님께서 아들이 살았다고 하신 말씀을 듣고 집으로 떠나기까지 24시간가량이 지났습니다. 나는 뭔가 놀라운 일이 그 사이에 일어났다고 생각합니다.

이 남자는 가버나움에 살고 있었습니다. 그가 예수님을 만난 곳은 가나로 가버나움에서 약 30킬로미터쯤 떨어진 곳입니다. 어른의 평균 걸음 속도가 시간당 4 내지 5킬로미터인 것을 감안하면, 걸어간다 해도 7~8시간이면 집까지 갈 수 있습니다. 하지만 그는 귀족이니, 뭐든 타고 갔을 것입니다. 그렇다면 더 빨리 갈 수 있었을 테지요.

여러 정황상, 그는 집으로 떠나기 전 거의 반 하루를 꼬박 기다렸다는 것을 알 수 있습니다.

질문 하나 하겠습니다. 그는 죽어가는 아들을 살리기 위해 절박한 마음으로 기적을 찾아 집을 떠난 사람입니다. 그러다가 예수님께 아들이 온전히 치유받았다는 말을 들었습니다. 그렇다면 그 말이 정말인지 확인하기 위해 집으로 달려가야 하지 않았을까요? 나라도 그랬을 것입니다.

그런데 이 남자는 집으로 가기 전에 스물네 시간이나 기다렸습니다. 나는 개인적으로 이 남자가 보여준 믿음이 성경 책을 통틀어 가장 놀라운 믿음 가운데 하나라고 생각합니다.

강한 믿음이 되기 위한 네 번째 방법입니다. 말씀 가운데서 안식을 누리는 것입니다. 이 남자는 이제 믿음이 너무나 강해져서 하루를 더 머물면서 예수님의 말씀 가운데 평안을 누린 것입니다. 서두를 필요가 없었던 것입니다.

성경은 이렇게 말합니다.

믿는 이는 다급하게 되지 아니하리로다. (사 28:16)

걱정할 필요가 없습니다. 주님 안에서 끝까지 기다리십시오. 주 안에서 안식하고 끈기 있게 그분을 기다리십시오 (시 37:7). 지나치게 속상해하며 신경 쓰실 필요가 없습니다. 여러분의 길을 주님께 맡기십시오 (시 37:5).

그렇다면 예수님께서는 왜 이런 식으로 기적을 행하셨을까요? 왜 그 남자와 함께 가셔서 아들을 고쳐주시지 않았을까요? 예수님께는 아들의 아픈 몸을 고치시는 것 이상으로 중요한 게 있으셨기 때문입니다. 바로, 아이의 아버지의 믿음을 바로 세우시는 것이었습니다.

예수님께서 아들의 침상 곁에 계시지는 않았지만, 똑같은 효과가 있는 놀라운 무언가를 이 남자는 받았습니다. 바로 예수님의 말씀입니다. 우리가 축복을 구하거나 기도 응답을 구할 때 예수님의 육신이 바로 우리 옆에 있어야만 받을 수 있습니까? 아닙니다.

시편 기자는 주님에 대해 이렇게 씁니다.

그가 그의 말씀을 보내어 저희를 고치시고. (시 107:20)

오늘날 예수님은 육신의 몸을 입고 우리 곁에 계시진 않으나 우리에게는 그의 말씀이 있습니다.

예수님의 육신은 천국으로 돌아갔음을 기억해야 합니다. 따라서 나의 침대 머리맡이나 내가 사랑하는 사람들의 침대 머리맡에 서서 고쳐

주실 수 없습니다. 예수님이 여전히 이 땅에 계시더라도, 나의 집에 계신 동시에 여러분의 집에 계실 수는 없습니다.

예수님이 육신의 몸을 입고 이 땅에 함께 계셨을 때조차도 마리아 곁에 예수님이 계시지 않아 문제가 생겼습니다. 바로 오빠 나사로가 죽은 것입니다. 하여 마리아는 이렇게 한탄하였습니다.

주께서 여기 계셨더라면 내 오라버니가 죽지 아니하였겠나이다.
(요 11:32)

하지만 지금 우리 모두에게 예수님이 함께하시는 것과 동일한 역할을 하시는 성령님이 계십니다. 이 성령님의 역사하심으로 예수님은 나와도 온전히 함께 계시며 여러분과도 온전히 함께 계실 수 있게 되었습니다.

성령님과 하나님의 말씀으로 우리는 예수님이 육신으로 이 땅에 계시는 동안 표적과 이적을 행하셨을 때보다 훨씬 더 좋은 것을 가질 수 있게 되었습니다.

성경을 펼쳐서 읽을 때 하나님이 성경 말씀을 통해서 우리에게 말씀하십니다. 믿음은 하나님의 영이 전해주시는 하나님의 말씀 안에서 그분의 약속을 발견하고 그 힘으로 살아가는 것입니다.

강한 믿음의 목적

요한복음 4장의 경이로운 이야기에서 여러분이 이해하기 바라는 마지막 진리인 강한 믿음의 목적에 대해 살펴봅시다.

그의 아버지가 예수께서 네 아들이 살아 있다 말씀하신 그때인 줄 알고 자기와 그 온 집안이 다 믿으니라. 이것은 예수께서 유대에서 갈릴리로 오신 후 행하신 두 번째 표적이니라. (요 4:53~54)

요한은 이 절에서 남자가 예수님의 말씀이 절대적인 참임을 깨닫고 믿었다고 말합니다. 그러나 요한복음 4장 50절에서는 예수님께서 아들이 나았다고 말씀하신 때 이미 믿었다고 말했습니다.

믿음 발견하기

이 두 절은 어떤 차이점이 있습니까? 50절에서는 예수님께서 아들을 고쳐주시겠다고 말씀하신 것을 믿은 것입니다. 53절에서는 구원에 대해 믿게 된 것입니다. 요한은 그가 기적뿐 아니라 구세주도 믿게 되었다는 것을 확실하게 밝혔습니다. 바로 기적을 발판삼아 예수님께로 나아가게 된 것입니다.

집으로 가 구약 성경을 꺼내놓고 아내와 아들은 물론이고, 모든 식구들을 불러 이렇게 얘기했을 것입니다.

"메시야를 만났어! 우리 모두 그분을 믿고 구원받아야 해."

이것이 바로 예수님께서 기적을 행하시는 이유입니다. 이 기적들은 예수님이 구세주라는 것을 가리키는 영적 표지판입니다. 우리는 이 기적들만 볼 것이 아니라 기적 너머의 예수님을, 이 표적들이 가리키는 그분을 믿어야 합니다.

믿음의 필요성

이제 우리는 요한이 기록한 '두 번째 기적'의 뒷얘기를 다 알았습니다. 예수님은 이 남자뿐 아니라 온 가족이 다 믿고 구원받기를 원하셨습니다.

그것이 이 이야기의 진짜 핵심입니다. 만일 이 아이가 나중에 어른이 된 후 죽어 지옥에 간다면, 예수님께서 그 아들을 고쳐주신들 무슨 소용이 있었겠습니까? 그분은 단지 가르치거나 병을 고쳐주기 위해서 이 땅에 오시지 않았습니다. 그분은 우리를 구원하시기 위해 오셨습니다.

예수님은 그분 자신에 대해 이렇게 말씀하셨습니다.

인자가 온 것은 잃어버린 자를 찾아 구원하려 함이니라. (눅 19:10)

우리는 예수님께서 많은 수의 무리를 고치시기도 했다는 것을 압니다. 수천 명을 먹이신 적도 두 번 있습니다. 하지만 성경은 이 모든 사람들이 다 구원받았다고 결코 말하지 않습니다. 아마 많은 이들이 그리스도 안에서 참 신앙에 이르지 못했을 것입니다.

이를 통해 알 수 있는 것은 기적을 맛보고도 구원받지 못할 수 있다는 것입니다. 이것이 예수님께서 기적에만 의존하시지 않은 이유입니다.

하루는 병원 입원실에서 한 여인과 함께 기도를 하고 있었습니다. 복도 맞은 편에서 "여기 와서 나도 좀 보슈."라는 소리가 들렸습니다.

처음에는 그 목소리의 주인공이 간호사를 부르는 줄 알고 원래 방문

했던 사람만 계속 신경 쓰고 있었습니다. 그런데 "나도 좀 보슈."라는 소리가 또 들렸습니다.

그래서 건너가 물었습니다.

"저한테 말씀하셨나요?"

한 할머니가 말했습니다.

"네, 와서 나도 좀 보자고 불렀어요."

그래서 복도 맞은편 방으로 들어가 할머니를 보았습니다. 아직도 그 모습이 생생합니다. 얼굴에 고통이, 마음속에 절망이 가득했습니다. 죽음의 그림자가 방 안에 드리워져 있었습니다. 할머니는 말했습니다.

"나는 하나님을 만날 준비가 되어 있지 않아요. 선생, 나 좀 도와줄 수 있어요?"

"네, 물론입니다."

나는 대답과 함께 주 예수님에 대해서, 그리고 우리의 죄를 사하시기 위해 십자가에서 죗값을 대신 치르시며 돌아가신 것에 대해 말해주었습니다. 그리고 덧붙였습니다.

"만일 예수님을 믿으신다면, 할머니를 구원해주실 겁니다."

할머니는 말했습니다.

"나 좀 도와줄 수 있나요?"

할머니는 회개와 영접의 기도를 인도하는 대로 한 마디 한 마디 다 따라했습니다. 내가 아멘이라고 기도를 마치자 할머니도 아멘이라고 하였습니다. 할머니의 얼굴에 하나님의 평안이 가득하겠거니 생각하고 눈을 떴습니다. 그러나 할머니의 얼굴엔 평안 대신 번민이 가득했습니다. 할머니는 말했습니다.

"어떻게 그렇게 말하는 것만으로 충분한지 모르겠네요."

"맞습니다. 그렇게 말만 해서는 아무 소용이 없습니다. 그리스도를 믿어야 구원받으실 수 있습니다. 자, 다시 기도하겠습니다. 이번에는 예수님을 정말 믿어보세요."

우리는 같은 기도를 다시 반복하였습니다. 할머니는 말하였습니다.

"주님, 이젠 정말 당신을 신뢰합니다."

그제야 그 귀한 할머니의 얼굴에 하나님의 평안이 드리운 것을 보았습니다. 그분을 천국에서 만나기를 기대합니다.

이것이 요한복음에 있는 기적들의 참 의미입니다. 기적을 믿으십시오. 하지만 믿고 신뢰해야 하는 것은 예수님입니다.

기적이 일어나려면

우리가 필요한 것을 하나님이 채워주시는 그곳에서 기적이 일어납니다.

우리가 필요한 것 — 의심 대신 확신

- 간접 신앙 대신 확신
- 표적을 구하는 신앙 대신 확신
- 자기 본위 신앙 대신 확신
- 완고한 신앙 대신 확신

우리가 필요한 것을 채워주심

- 그분이 존재하심에 대한 확신을 주심

  내가 과연 너희를 떠나지 아니하리라. (히 13:5)

- 그분의 말씀에 대한 확신을 주심

  주의 말씀이 영원히 하늘에 굳게 섰사오며. (시 119:89)

예수님은 의심 많은 우리에게 의심 대신 강한 믿음을 주시길 원하십니다. 그분이 원하시는 우리의 믿음은 이렇습니다.

- 간접적인 믿음이 아닌 나의 믿음이 생기는 것
- 예수님에게 표적을 구하지 않고 예수님만 담대하게 믿는 것
- 내가 원하는 것이 아닌 예수님이 주시고 싶어하는 것을 구하는, 그리스도 중심의 믿음이 되는 것

- 예수님께서 무엇을 하셔야 하는지 지시하는 완고한 믿음이 아닌, 자신을 내어드리는 믿음

예수님 안에서 필요한 것을 채우는 법

예수님께서 주시기 원하시는 강한 믿음을 갖기 위해서는 다음과 같이 합니다.

- 말씀 듣기: 하나님이 말씀하신 것을 우선 알아야 합니다. 성경을 펴고 혼자 읽어봅시다.
- 말씀 믿기: 하나님이 하신 말씀에 신뢰함으로 응답합시다.
- 말씀에 순종하기: 믿은 대로 행동합시다. 하나님이 말씀하신 것을 실천합시다.
- 말씀 안에서 안식하기: 하나님이 원하시는 것을 했다면, 하나님께서 약속하신 대로 정확히 역사하실 것이라는 확신을 갖고 기다립시다.

제 5 장

일어나 걸으라

예수님은 우리의 무력함을 강함으로 바꾸는
하나님의 응답이십니다

너희는 그 은혜에 의하여 믿음으로 말미암아 구원을 받았으니 이것은 너희에게서 난 것이 아니요 하나님의 선물이라. 행위에서 난 것이 아니니 이는 누구든지 자랑하지 못하게 함이라. 우리는 그가 만드신 바라 그리스도 예수 안에서 선한 일을 위하여 지으심을 받은 자니 이 일은 하나님이 전에 예비하사 우리로 그 가운데서 행하게 하려 하심이라. (엡 2:8~10)

매일 아침 아내 조이스는

맥주효모, 새콤한 사과주, 벌꿀화분, 한 움큼의 비타민을 줍니다. 뿐만 아니라 나는 아침마다 4킬로미터씩 걷습니다. 하루를 시작하기 참 힘들죠? 이렇게 육신의 건강을 위해 노력하지만, 사실 그 모든 것이 무력하다는 것을 잘 알고 있습니다. '시간'이라는 아버지와 '자연'이라는 어머니는 우리에게 그다지 친절하지 않은 부모이기 때문입니다.

인간의 육신이 얼마나 연약합니까?

우리가 살아 있는 동안 예수님이 재림하지 않으신다면, 아무리 강하고 건강하다 할지라도 우리 모두는 육신의 죽음을 맛보게 될 것입니다. 성경은 말합니다.

소년이라도 피곤하며 곤비하며, 장정이라도 넘어지며 쓰러지되.
(사 40:30)

이처럼 모든 인간의 힘은 반드시, 결국 사라지고 맙니다. 그러나 성경은 영광스러운 소망의 말씀을 주기도 합니다.

우리의 겉사람은 낡아지나 우리의 속사람은 날로 새로워지도다.
(고후 4:16)

육신을 위한 젊음의 샘은 없지만, 영혼을 위한 샘은 있습니다.

그러므로 가장 중요한 문제는 하나님이 원하시는 모습이 되기 위한 내면의 영적 힘이 있느냐입니다.

요한복음 5장 1~14절은 한 불구의 남자가 고침받은 기적에 대한 이야기로, 예수님만이 우리에게 내적 힘을 주실 수 있다는 사실을 말하고 있습니다. 영적으로 실족하여 홀로 일어설 수 없다면 계속 읽으십시오. 영적 불구를 치유하고 승리의 삶을 살 수 있는 놀라운 힘이 주어질 것입니다.

영혼을 위한 온천

요한복음 5장 1절에서 요한은, 이 기적을 앞장에서 다룬 왕의 신하 이야기와 연결시키고 있습니다. "그 후에"라는 말은 그 이전에 일어났던 일을 돌아보게 합니다. 예수님께서 인간의 의심에 대해 다루셨으니, 이제는 인간의 무능에 대해 다루시려 한다는 것입니다.

그 후에 유대인의 명절이 되어 예수께서 예루살렘에 올라가시니라. 예루살렘에 있는 양문 곁에 히브리 말로 베데스다라 하는 못이 있는데 거기 행각 다섯이 있고 그 안에 많은 병자, 맹인, 다리 저는 사람, 혈기 마른 사람들이 누워 물의 움직임을 기다리니, 이는 천사가 가끔 못에 내려와 물을 움직이게 하는데 움직일 때 먼저 들어가는 자는 어떤 병에 걸렸든지 낫게 됨이러라. (요 5:1~4)

먼저 이 기적이 일어났던 장소에 대해서 살펴봅시다. 못의 이름인 베데스다는 '자비의 집'이라는 뜻으로, 예수님께서 이제 살펴볼 병자에게 하나님의 자비를 경험하도록 기적을 베푸실 것을 상징합니다.

나도 예루살렘에 있는 이 못을 몇 차례 방문한 적이 있습니다. 못은 양문 바로 안쪽에 있는데, 이 못은 평지보다 약 12미터 가량 낮습니다.

예수님이 계시던 당시 이 베데스다 못은 온천과 비슷했습니다. 못 입구 주변에는 병자들로 가득했고, 남녀를 불문하고 온갖 종류의 심한 병을 가진 이들로 붐볐습니다(요 5:3). 이 사람들은 모두 기적적으로 병이 낫기를 바라며 거기서 기다렸습니다. 일 년에 한 번씩 물이 휘젓듯 움직이면, 하나님은 제일 먼저 물에 발을 담그는 사람을 그분의 자비 안에서 기적적으로 치유하시곤 하셨습니다.

왜 예수님은 아무나 다 고치지 않으실까?

예수님은 유대인의 명절 때 예루살렘에 머무시는 동안 베데스다 못으로 가셨습니다. 거기서 38년 동안 불구로 지내왔던 "어떤 남자"에게 시선을 집중하셨습니다(요 5:5). 많은 병자들 가운데 예수님께서는 유독 이 남자를 바라보셨는데, 마음에 품으신 목적과 가르치시고자 했던 바가 있으셨기 때문입니다. 이제 곧 우리를 위해 메시지가 있는 기적(표적)을 행하려 하십니다.

우리는 정확히 얼마나 오래 이 남자가 베데스다 못 옆에 누워 물이 일렁이기를 기다렸는지 모릅니다.

예수님은 이 남자의 모든 상태를 아시고 매우 간단하지만 심오한 질문을 던지셨습니다.

네가 낫고자 하느냐? (요 5:6)

예수님은 오늘날도 여전히 이 질문을 우리에게 던지십니다. 이 남자의 상태는 수없이 많은 사람들의 영적 상태를 대변하는 것이기 때문입니다.

이 기적에 대해 살펴보기에 앞서, 예수님께서는 단지 치유하시는 일만 하지 않으셨다는 것을 기억할 필요가 있습니다. 그날 그곳에 수많은 병자들이 있었지만, 예수님께서 바로 이 "어떤 남자"만을 고치셨다고 성경은 말하고 있기 때문입니다.

실제로 예수님께서는 이 사람을 고치신 후 조용히 피하셨습니다(요 5:13). 만일 예수님께서 거기 더 계셨더라면, 사람들은 고침받기 위해 예수님을 향해 아우성치며 올부짖었을 것입니다.

예수님께서 만일 위대한 치유자가 되고자 하셨다면, 한 사람 한 사람 다 고치셨을 것입니다. 하지만 예수님은 단 한 사람만을 고치셨을 뿐입니다. 그 치유함을 통해 중요한 영적 진리를 가르치기 원하셨기 때문입니다. 예수님은 위대한 치유자로 이 땅에 오신 것이 아니라, 위대한 구원자로 오셨습니다.

"예수님이 말씀하셨던 모든 비유는 가르침이 있는 기적이요, 예수님이 행하셨던 모든 기적은 가르침을 위한 비유"라고 캠벨 모건(편집주: 영국 웨스트민스터 예배당의 유명한 성경교사)은 말했습니다.

모건은 그 기적들이 진짜가 아니라고 말하는 것이 아닙니다. 각 기적마다 메시지가 담겨 있다고 말하는 것입니다. 바로 이 책이 전제하고 있으며, 여기 베데스다의 기적에서도 그것을 확인할 수 있는 것입니다. 예수님은 영적으로 힘없이 '불구' 상태에 놓여 있는 우리 모두에게 어떤 메시지를 전하시기 위해 이 병자를 고치신 것입니다.

예수님을 떠나서는 아무 힘도 없고 본질적으로 무력한 우리가 바로 그 병자입니다. 그러나 그분 안에서는 살 힘을 얻습니다. 예수님은 우리의 영적 무력함에 대한 하나님의 응답이시기 때문입니다.

육체적 치유, 영적 치유

요한복음 5장의 이야기를 본격적으로 소개하기 앞서 잠시 다른 이야기를 할까 합니다.

이 병자의 육체적 치유는 일시적인 것에 불과합니다. 왜냐하면 그는 이미 죽었으며, 당시에도 40년 가까이 아픈 뒤에 고침을 받았기 때문에 그리 오래지 않아 죽었을지도 모릅니다. 요지는 그의 육체적 치유는 정말이지 기껏해야 일시적인 것에 불과하다는 것입니다.

우리도 아프면 낫고 싶어합니다. 나도 그렇고, 대부분의 사람들도 다 그러리라 생각합니다. 보통 교회의 기도 모임에서 이런 기도 제목들이 많습니다.

"○○○ 자매를 위해 기도합시다. 의사가 오늘 밤이 고비라고 말했습니다."

"△△△ 집사님을 위해 기도합시다. 암이신데 수술 경과가 별로 좋지 않으십니다."

나도 아플 때면 사람들이 날 위해 기도해주면 좋겠습니다. 하지만 얼마나 많은 기도가 우리가 사는 지역의 믿지 아니하는 사람들의 구원을 위해, 혹은 주 안에서 실족한 형제자매들의 회복을 위해 드려집니까? 그리고 얼마나 많이 우리 자신의 영적 무력함과 다른 사람들의 영적 건강과 관련한 중보 기도를 합니까?

건강을 회복하는 것은 매우 중요합니다. 그러나 우리가 중요하다고 여기는 만큼 하나님도 똑같이 중요하게 여기시지는 않을 수도 있습니다. 하나님은 어쩌면 우리가 생각한 것과는 다른, 훨씬 큰 계획을 가지고 있으실지 모릅니다.

마가복음 2장 1~12절에 좋은 예가 있습니다. 친구 네 명이 한 중풍 환자를 들것에 실어 예수님께로 옮긴 이야기입니다. 그 친구들은 예수님이 계신 곳의 지붕을 뜯어 병자를 예수님께 내려보냈습니다. 예수님은 들것에 누워 있는 병자를 보시고는 말씀하셨습니다.

작은 자야 네 죄 사함을 받았느니라. (막 2:5)

예수님이 이렇게 말씀하시자 군중 틈에 있던 율법학자들이 예수님을 비난하기 시작했습니다.

이 사람이 어찌 이렇게 말하는가. 신성 모독이로다. 오직 하나님 한 분 외에는 누가 능히 죄를 사하겠느냐. (막 2:7)

옳은 말입니다. 그들이 말한 것이 맞다는 것을 증명하기 위해, 또 예수님이 누구이신지를 증명하기 위해(막 2:10), 예수님은 이 중풍 환자에게 이렇게 말씀하십니다.

일어나 네 상을 가지고 집으로 가라. (막 2:11)

예수님은 사람의 죄를 사하는 더 큰 영적 기적을 증명하시기 위해 병자의 죄를 사하시면서 그를 고쳐 보이셨던 것입니다.

예수님께서는 사람들이 보지 못하는 것을 이해할 수 있게 뭔가를 보여주셨습니다. 그날 예수님께 중요했던 일은 그 남자의 육신이 아니라 영혼을 고치시는 일이었습니다. 육신의 치유는 영원하지 않기 때문입니다. 이 남자도 결국은 죽습니다. 하지만 그의 영혼의 영적 치유는 영원할 것입니다.

기적을 맞을 준비가 되었습니까?

다시 요한복음 5장으로 돌아가 베데스다 못의 그 병자 이야기를 해봅시다. 우리의 무력함을 이기는 하나님의 능력을 경험하기 위해 필요한 세 가지를 살펴보겠습니다. 이 기적을 통해 오늘날의 우리에게 전하시는 메시지입니다.

약함을 인정하라

첫 번째로 해야 할 일은 우리가 약하다는 것을 인정하는 것입니다.

이 남자가 베데스다 못 옆에 누워 있었다는 사실은 그가 약함을 인정했다는 것입니다. 자신의 병을 인정하지 않았다면 그에게 아무 일도 일어나지 않았을 것입니다. 그의 모습은 스스로의 힘으로 움직일 육체적인 능력이 없다는 것을 보여주는데, 그곳의 모든 사람들도 분명히 알 수 있을 정도였습니다. 그 남자는 자신이 너무 약해서 혼자 힘으로는 못에 들어갈 수 없다고 예수님께 쉽사리 인정하였습니다.

그러나 오늘날 우리 가운데 너무 많은 사람들이 스스로 영적으로 불구라는 것을 인정하려 들지 않습니다. 사람들에게는 영적으로 불구라는 것을 숨길 수 있을지라도 하나님 앞에서는 숨길 수 없습니다. 영적인 연약함을 치유받는 첫 번째 단계는 사실을 인정하는 것입니다. 바울은 이렇게 썼습니다.

우리가 아직 연약할 때에 기약대로 그리스도께서 경건하지 않은 자를 위하여 죽으셨도다. (롬 5:6)

성경은 그리스도 없는 모든 사람들을 '연약하다'고 말합니다. 예수님을 믿는 사람들조차 예수님께서 우리를 구원하시지만 그리스도인의 삶은 우리 스스로의 힘으로 살아야 한다고 생각할 때가 있습니다.

그러나 우리의 육신은 그리스도께 나아오기 전과 마찬가지로 죄를 짓고 있으며 연약합니다. 예수님은 우리 죄의 본성을 개조하거나 제거하기 위해서가 아닌, 이길 힘을 주시기 위해 이 땅에 오셨습니다. 따라서 우리가 만일 육신의 힘으로 살려고 애쓴다면, 그것은 우리가 영적으로는 약하다는 것에 대한 방증일 따름입니다. 우리가 부인할 수도, 피할 수도 없는 세 가지 진리가 여기 있습니다.

연약함의 일차 원인

무엇이 영적 연약함을 가져옵니까? 답은 요한복음 5장 14절에 있습니다.

그 후에 예수께서 성전에서 그 사람을 만나 이르시되 보라 네가 나았으니 더 심한 것이 생기지 않게 다시는 죄를 범하지 말라 하시니.

이 남자의 연약함의 주요 원인은 죄였습니다. 모두가 다 죄 때문에 병에 걸리는 것은 아니지만, 이 남자는 그러했습니다. 예수님이 이 남자를 고르신 이유가 이 때문이라고 생각합니다. 이 남자의 죄와 약함이 상관되어 있지 않았다면 예수님께서 그렇게 직접적인 경고를 하시지 않았을 것입니다.

우리는 죄인으로 태어났고, 죄인의 본성을 지녔으며, 죄인으로 선택되었고, 또 실제로 죄를 짓기 때문에 죄인입니다. 모든 영적인 무력함의 원인은, 한마디로 말해 죄입니다. 실수, 판단 착오, 심리적 부적응, 호르몬 분비 이상 등의 여러 가지 이름으로 죄를 피하려 하지만, 우리가 완전히 정직하게 우리의 죄를 자백하지 않는 이상 문제는 지속될 것입니다.

우리를 무력하게 하는 힘
많은 사람들은 자신이 영적으로 불구라는 것을 깨닫지 못합니다. 육체적, 지적, 경제적 연약함에 대해 말하는 것이 아닙니다. 영적 마비 상태에 대해 말하고 있는 것입니다.

앞에서 본 로마서 5장 6절에서 그리스도가 연약한 우리를 위해 돌아가셨다고 말할 때, 바울은 우리를 가리켜 "경건하지 않은 자"라고 말합니다. 우리의 연약함이 어떤 것인지 아십니까? 우리에게는 스스로 경건하도록 할 힘이 없다는 것입니다.

우리는 창조주의 형상이 비치도록 지음받았습니다. 경건함이란 쉽게 말해 하나님의 형상과 영광을 비추는 것입니다. 따라서 죄는 하나님의 영광에 이르지 못하는 것입니다(롬 3:23). 우리의 살아가는 모습과 하나님의 영광 사이의 거리, 즉 죄가 우리 연약함의 원인인 것입니다.

그렇다면 우리를 위한 하나님의 계획은 무엇일까요? 바로 우리를 경건하게 하고, 거룩하게 하려는 것입니다(벧전 1:16). 그러나 우리 자신 안에는 거룩하게 하는 힘이 없습니다.

우리가 원하는 것을 할 만큼의 힘은 있을지 모르지만, 우리가 마땅히 해야 할 것을 할 수 있을 만큼 강하지는 않습니다. 우리 연약함의 주요 원인인 죄는 우리가 하나님께서 원하시는 모습으로 나아가지 못하도록 우리를 마비시킵니다.

약함의 끝없는 과정

요한복음 5장 5절에 따르면, 이 베데스다의 남자는 38년 동안이나 그런 상태로 있었습니다. 사람이 오랫동안 움직이지 못하면, 근육이 위축되면서 그 기능이 퇴화됩니다. 그는 해가 거듭될수록 근육 조직이 점점 약화되어 갔을 것입니다.

그리스도 없는 사람들도 똑같습니다. 오래 살면 살수록 상태는 더 나빠집니다. 예수 그리스도께 자신을 내어주기를 미루어서 안 되는 이유가 여기 있습니다.

그런데 이 퇴화의 과정은 믿는 사람들에게도 다가옵니다. 바로 그리스도를 위해 살기 원하면서도 스스로의 힘으로 살려고 애쓰는 사람들입니다. 육체적으로 경건하고자 하는 그들의 시도는 그들을 더욱 약하게만 할 뿐입니다.

우리를 마비시키는 죄가 그 힘을 발휘하면, 우리는 병이 들고 병이 든 내내 더 나빠지게 됩니다. 우리가 베데스다의 남자가 받았던 영적 치유함을 우리가 원한다면, 먼저 우리가 약하다는 것을 인정해야 합니다. 그리고 고백해야 합니다.

"주님, 주님이 옳습니다. 나는 힘이 없습니다. 나의 교만을 내려놓고, 당신이 필요함을 고백합니다."

의지를 보여라

하나님의 힘으로 우리의 무력함을 채우기 원한다면, 우리는 우리의 의지를 보여드려야만 합니다.

다시 요한복음 5장 6절로 돌아가서 예수님이 이 병자에게 던지셨던 질문을 봅시다.

"네가 낫고자 하느냐?"

다시 말하면, 예수님은 이 남자에게 "지금 이 상황에서 네 의지는 무엇이냐?"라고 묻는 것입니다. 예수님은 그가 자신의 의지를 보이시기 원했던 것입니다.

하나님은 결코 사람들이 하나님의 길을 억지로 선택하게끔 하지 않으십니다. 우리의 의지가 그렇게 되도록 하실 수는 있지만, 강요하시지는 않습니다. 만일 하나님이 우리에게 강요하신다면, 하나님과 우리의 관계는 강압적인 관계가 되고, 더 이상 우리는 사람이 아닌 기계로 전락하고 맙니다. 하나님은 기계와는 우정을 나누실 수 없습니다.

그리스도께 나아가기 원한다면, 질문에 답하는 것만 아니라 선택을 해야 하는 것입니다. 하지만 그리스도께 나아가기 원치 않는다면, 그분은 강요하지 않으실 것입니다. 성경에서는 우리를 향한 최후의 초청이 이렇다고 말합니다.

원하는 자는 값없이 생명수를 받으라. (계 22:17)

초막절 끝날, 곧 큰날에 예수님은 예루살렘에서 이렇게 외치셨습니다.

누구든지 목마르거든 내게로 와서 마시라. (요 7:37)

세상에 이런 초청이 다시 있을 수 있겠습니까? 그러나 그리스도께 나아가기를 원치 않는다면, 하나님은 천국의 천사 어느 하나라도 당신을 끌어 그분께 나아가게 하지 않으실 것입니다. 하지만 나아가기만 원한다면, 지옥 마귀들이 아무리 설쳐도 막을 수 없습니다. 하나님은 우리에게 자유 의지를 주셨습니다. 그래서 예수님께서는 베데스다 못의 그 남자에게 "네가 낫고자 하느냐?"고 물으신 것입니다.

자, 이제 신학적인 이야기를 좀 하겠습니다. 많은 신학자들은 인간의 자유 의지에 대해서 반대하는데, 인간의 자유 의지가 하나님의 주권을 무효화시킨다고 생각하기 때문입니다.

하지만 나는 이 둘 다 믿습니다. 성경은 하나님의 주권과 인간의 자유 의지 모두를 가르치고 있습니다. 하나님이 인간의 자유 의지를 존중하신다 하여 그분의 주권이 부인되거나 손상되지 않습니다. 성경에는 우리에게는 역설적으로 보이는 많은 진리들이 있습니다. 사람의 이성이라는 찻잔으로 하나님의 진리의 바닷물을 담을 수 없기 때문입니다.

신학에 대해서 토론하는 한 무리의 설교자들이 하나님의 주권과 인간의 자유 의지에 대해 뜨거운 논쟁을 벌였습니다. 어떤 이들은 말합니다.

"누구도 하나님을 택할 순 없어. 하나님이 택하실 뿐이야. 창세 전부터 하나님은 천국에 갈 사람과 지옥에 갈 사람을 예정해 놓으셨어. 구원은 처음부터 끝까지 하나님의 주권적인 일이야."

그러나 또 다른 이들은 다른 견해를 밝힙니다.

"잠깐, 성경은 누구든 주님께 나아갈 수 있다고 말했어. 주님 역시 아무도 망하지 않기를 원하시고, 모든 사람이 다 회개의 자리로 나아가길 원하신다고."

논쟁이 너무 뜨거워서 설교자들은 두 그룹으로 나뉘었습니다.

이때 어떤 사람이 애매하게 가운데 끼였습니다. 마음의 결정을 내릴 수가 없었기 때문입니다. 사람들이 '주권'에 대해서 말하면 그 말이 옳은 것 같았습니다. 다른 쪽에서 '자유 의지'에 대해서 말하면 그 말도 그럴 듯해 보였습니다.

하지만 이 두 그룹 중 한쪽만을 선택해야 했습니다. 그래서 주권 쪽으로 갔습니다. 설교자들이 물었습니다.

"왜 우리 쪽으로 왔소?"

"어, 그냥 왔습니다. 제 자유 의지대로요."

"그렇다면 당신은 이 그룹에 들어올 수 없소. 저치들에게나 가보시오."

이 설교자는 혼란스러워하며 다른 그룹으로 갔습니다. 그러자 그쪽에서도 그가 오는 것을 보고는 물었습니다.

"왜 우리 쪽으로 오는 거요?"

"저쪽에서 여기로 가라고 해서 왔소. 내가 선택해서 온 것이 아니오."

"자유 의지대로 온 것이 아니라면 우리 쪽에 올 수 없소."

이 이야기는 사람들이 빠져들기 쉬운 어리석은 논쟁을 말한 것입니다. 여기서 여러분께 꼭 말씀드리고 싶은 것은, 하나님께서는 결코 어떤 사람도 지옥에 가도록 만들지 않으셨다는 것입니다. 지옥에 가는 사람들은 거기서는 오히려 침입자 같은 존재들입니다. 예수님은 지옥이 '마귀와 그 사자들을 위하여 예비된' 곳이라고 말씀하셨습니다(마 25:41).

하나님에게 주권이 있습니까? 물론, 그렇습니다. 각 사람에게 자유 의지를 주고도 주권을 잃지 않으실 만큼 주권을 가지고 있습니다. 그러나 여기 요한복음 5장에서 주님은 어떤 사람에게도 그분 자신을 강요하지 않으신다는 것을 가르치고 있습니다.

물론, 예수님께서 먼저 질문하지 않으셨다면 이 병자가 '네'라고 대답할 일도 없었을 것입니다. 그러나 이와 관련하여 성경은 "우리가 사랑함은 그가 먼저 우리를 사랑하셨음이라."라고 말합니다(요일 4:19). 하나님은 우리의 의지를 강요하지 않으시지만, 우리가 의지를 쓸 수 있도록 해주십니다. 하나님이 먼저 우리를 택하지 않으셨다면 우리는 절대 하나님을 택할 수 없었습니다.

그러나 이 사실이 우리가 선택할 몫을 없애는 것은 아닙니다. 따라서 예수님께서 이 불구인 남자에게 베데스다 못에서 하신 질문은 옳은 것입니다.

"네가 낫고자 하느냐?"

대답만 할 것이 아닙니다. 이제 선택을 해야 합니다. 예수님이 왜 아픈 사람에게 낫고 싶으냐고 질문하셨겠습니까? 대답은 뻔해 보입니다.

그러나 예수님은 이 남자에게 단순히 다시 걷기만을 원하느냐고 물으신 것이 아닙니다. 예수님께서 쓰신 '낫다'는 단어는 '온전해지다, 건강해지다'는 뜻으로, 예수님께서는 튼튼한 두 다리 이상의 뭔가를 이 남자에게 주시고자 했던 것입니다. 예수님은 이 남자에게 육체적 건강뿐 아니라 영적인 건강까지 주시고자 했던 것입니다. 죄를 사하여 주시고자 했던 것입니다.

이 남자는 선택을 해야 했습니다. 많은 사람들이 죄가 완전히 사라지기를 원하지만, 막상 자신들의 죄를 손에서 놓지는 않습니다. 그들의 이런 모습은 진정 온전해지기를 원하는 것이 아닙니다. 하나님의 죄 사함을 진심으로 원하는 것이 아닙니다.

예수님이 팔을 뻗어 '네가 온전해지기를 원하느냐?'고 물으셔도 누군가는 죽어 지옥에 갈 수도 있습니다. 거절한 용서는 더 이상 용서가 아니기 때문입니다. 우리는 예수님이 주시는 것을 받도록 우리의 의지를 보여드려야 합니다.

정말 승리하기를 원합니까? 주님을 설득해서 승리를 달라고 할 것이 아니라 그분이 주시도록 그저 그분을 받아들이기만 하십시오.

걸음 떼기

우리의 무력함을 예수님의 힘으로 바꾸기 위해 해야 할 세 번째 일입니다. 바로 걸음을 떼는 것입니다.

병자가 대답하되 주여 물이 움직일 때에 나를 못에 넣어주는 사람이 없어 내가 가는 동안에 다른 사람이 먼저 내려가나이다. 예수께서 이르시되 일어나 네 자리를 들고 걸어가라 하시니, 그 사람이 곧 나아서 자리를 들고 걸어가니라. (요 5:7~9)

　요한복음의 기적들은 더 큰 영적 교훈을 우리에게 가르쳐주고, 예수님께로 나아가게 하기 위해 쓰여졌다는 것을 잊지 맙시다. 요한은 단지 불구인 사람들이 기적을 통하여 육체적 치유만을 받는 모습을 보여주기 위해 이 복음서를 쓰지 않았습니다. 그는 죄인들이 구원받아서 풍성한 삶을 누릴 수 있게 하기 위해 썼습니다. 하늘로부터 힘을 받고 예수님을 믿음으로써, 매일 매일 생명력 있게 자유하면서 승리하며 걸을 수 있도록 쓴 것입니다.

　예수님께서는 이 남자에게 선택권도 주셨지만, 명령도 내리셨다는 것을 알아야 합니다. 예수님은 그가 두 발로 일어서서 자리를 들도록 돕지 않으셨습니다. 이 남자는 예수님의 명령대로 스스로 첫 걸음을 떼어야 했습니다. 일어나 걸었기 때문에 치유받은 것이 아닙니다. 그리스도의 명령으로 치유받은 것입니다. 그는 걸음을 내디딤으로써 자신이 온전히 나았다는 것을 증명하였습니다.

　바울이 구원에 관하여 잘 정리한 에베소서의 말씀은 지금 이 기적과 관련한 영적 원리가 분명하게 잘 드러나 있습니다.

　너희는 그 은혜에 의하여 믿음으로 말미암아 구원을 받았으니 이것은 너희에게서 난 것이 아니요 하나님의 선물이라. 행위에서 난 것이 아니니 이는 누구든지 자랑하지 못하게 함이라. 우리는 그가 만드신 바라 그리스도 예수 안에서 선한 일을 위하여 지으심을 받은 자니 이 일은 하나님이 전에 예비하사 우리로 그 가운데서 행하게 하려 하심이라.

(엡 2:8~10)

위의 세 절은 세 개의 핵심 구를 축으로 구성되어 있습니다. '…에 의하여', '…로 말미암아', '…을 위하여' 입니다. 이 글귀가 세 절에 쓰여진 순서도 중요합니다. 순서를 바꾸면 안 됩니다. 이 세 구절과 에베소서에서 가르치는 진리가 예수님께서 베데스다의 병자에게 말씀하신 것에 어떻게 적용되는지를 보겠습니다.

어떻게 이 남자가 나았습니까? 그 은혜에 의하여 나았습니다. 아무도 어떻게 할 수가 없었습니다. 사람이 고칠 수 없는 불구였습니다. 그는 스스로 움직일 수도 없었으며(요 5:7), 영적으로도 마찬가지였습니다. 그러나 성경은 그가 즉시 나았다고 말합니다. 구원은 순전히 하나님의 은혜에 의해서만 주어집니다.

만일 우리가 당시 그곳에서 예수님이 명령하시는 것을 들었다고 상상해봅시다. 서로 이렇게 쑥덕였을지도 모릅니다.

"너무 하시는 거 아냐? 어떻게 저 걷지도 못하는 불쌍한 사람한테 그렇게 말씀하실 수가 있어? 걸을 수 있었으면 이미 오래 전에 걸었지."

하지만 우리가 쑥덕이는 동안 그 남자는 일어났을 것입니다.

예수 그리스도는 인간적으로 불가능하고, 비이성적인 일을 하십니다. 그분께는 모든 것이 가능하기 때문입니다. 모든 불가능과 모든 이성에 반하여 죄인을 구원하십니다. 그리고 우리는 그 은혜로 인하여 구원을 받습니다.

구원은 바울이 에베소서 2장 8절에서 말했듯이, 믿음으로 말미암아 얻게 됩니다. 이 병자는 일어나 자리를 들고 걸으라는 예수님의 명령에 순종함으로써 믿음을 갖기 시작했습니다. 그는 하나님의 은혜에 의하여 온전해졌습니다. 그러나 첫 걸음을 떼기 위해서 그는 믿음을 가져야 했습니다.

그 남자는 예수님의 말씀을 믿고 행동으로 옮겨 드디어 자리에서 일어났던 것입니다. 믿음은 행할 때 참믿음이 됩니다.

에베소서 2장 10절에서는 우리가 선한 일을 위하여 구원받는다고 말합니다. 즉, 우리는 선한 일을 할 목적으로 구원받는다는 것입니다. 예수님이 이 남자에게 일어나서 걸으라고 말씀하실 때는, 한 번에 그치는 말이 아니라, 계속해서 걸으라는 말입니다.

이 남자는 고침받았기 때문에 걸었습니다. 우리는 좋은 일을 하기 때문에 구원받지 않습니다. 좋은 일을 하기 위하여 구원받습니다. 구원은 그 은혜에 의하여, 믿음으로 말미암아, 선한 일을 위하여 주어집니다.

예수님은 무력함에 대한 응답이십니다. 그래서 우리는 기적을 넘어 예수님께로 나아가야 합니다. 우리는 그리스도를 영접하기 전까지 그리스도인의 삶을 살 수 없습니다. 성경은 말합니다.

그러므로 너희가 그리스도 예수를 주로 받아들였으니 그 안에서 행하되. (골 2:6)

그리스도를 어떻게 받아들입니까? 하나님이 그 은혜에 의하여 우리에게 주신 그분을 우리는 믿음으로 말미암아 영접합니다. 그분 안에서 어떻게 걷습니까? 마찬가지로 은혜에 의하여, 믿음으로 말미암아 걷습니다. 이렇게 이해하게 되면, 초월적으로 살 수 있는 힘을 받게 됩니다. 하나님이 우리의 무능을 그분의 능력으로 바꾸시기 때문입니다.

요한복음 5장의 기적은 우리에게 암시하는 바가 매우 큽니다. 여러분께 다시 말씀드리겠습니다. 그분은 우리를 구원하시기 위해 오셨습니다. 그분은 우리의 영적 무력함에 대한 하나님의 치유책이십니다.

우리는 왜 그리스도를 따르는가

이 장을 마치며, 한 지혜로운 아버지가 자신의 딸에게 쓴 편지 한 통을 소개할까 합니다. 그 딸은 저와 여러분에게 은혜를 함께 나눌 수 있도록 허락해주었습니다. 제목은 〈나는 왜 예수님을 따르는가?〉입니다.

아빠는 그리스도인이 비그리스도인보다 암에 덜 걸린다거나, 인류를 괴롭히는 무수한 병에 대한 면역이 더 뛰어나다는 어떠한 통계 자료도 본 적이 없어. 아빠가 알고 있던 사람 중에는 친절하고 이타적인 사람들이 오히려 더 건강이 좋지 않았던 경우가 많았지. 사람들이 그리스도에 속해 있다는 사실만으로 병에 걸리지 않는 것은 아니더구나. 그래서 아빠는 치유를 보장받기 위해 예수님을 따르지는 않는단다.

물론 건강하게 회복된 확실한 증거까지 부인하거나 논쟁거리로 삼고 싶진 않아. 나도 절망적이고 생명을 위협하던 병에서 누군가가 낫는다면 함께 기뻐할 테니까 말이야. 또한 아빠가 사랑하는 사람들의 건강을 위해 기도하는 데에도 주저하지 않을 거고. 나는 하나님이 하시는 일에 아무 제한도 두지 않을 거란다. 하지만 단지 치유를 보장받기 위해 예수님을 따르지는 않을 거야.

그리스도인이라고 다른 사람들에 비해 재앙이나 사고를 덜 당했다는 어떠한 징표도 보지 못했어. 아빠는 소중한 친구들이 끔찍한 홍수를 겪은 후에 물에 휩쓸린 화장대 서랍장과 냉장고, 세탁기 등에서 흙탕물을 비워내는 일을 도왔던 적도 있어. 총알이 믿는 사람의 몸이라고 해서 피해 가는 법은 없단다. 그래서 아빠는 재앙으로부터 보호받기 위해 그리스도를 따르지는 않는단다.

그렇다고 참사 속에서 기적처럼 생존한 사람들을 무시하지는 않아. 하나님 자신의 선하심을 위해 그분의 섭리가 이루어져 왔고, 또 계속해서 이루어질 것에 대해 부인하지도 않아. 아빠는 사악한 사람들과 재난으로부터 우리를 지켜달라고 계속 기도할 거야. 하지만 사고나 재난으로부터 확실히 보호받기 위해 예수님을 따르지는 않는단다.

그리스도인이라고 해서 특별히 물질적으로 더 풍요롭다고 말할 수는 없어. 야고보서에서 볼 수 있듯이 부유한 이들이 가난한 이들을 억압하는 이 세상은 그다지 정의롭지 못한단다. 시편 기자는 의로운 자가 버림받거나 그 자식들이 걸식하는 것을 본 적이 없다고 말했어. 우리는 이 절박한 세상에서 그 말이 진리라고 확신하지만, 흠 없고 성실한 사람들이 결코 부유하지 않다는 것을 알고 있지 않니? 그래서 나는 경제적으로 궁핍함에서 벗어나 부유함을 보장받기 위해 예수님을 따르지는 않는단다.

그리스도인이라고 해서 성품이 더 강인하거나 노이로제에 걸리는 일이 더 적다고 확신할 수도 없구나. 하지만 종교적인 쓰라림보다 더 쓰라린 것이 없으며 종교적인 교만보다 더 견디기 힘든 것이 없다는 것은 알아. 그리스도인도 정서적, 정신적 장애로 고통을 받는단다. 혹시 이단처럼 들릴 수도 있겠지만 아빠는 베드로나 바울 사도와 한 집에서 산다고 해서 반드시 즐거울 것이라고 생각하진 않아.

우리 내면에 예수님의 마음이 생기는 것이 하나님의 뜻이고, 그리스도인의 태도와 행동이 신앙으로 인해 나아질 것에 대해서는 의심하지 않는단다. 하지만 성품이 개선되거나 완벽해지는 보장을 받기 위해 예수님을 따르지는 않아.

그럼 왜 예수님을 따르느냐고? 그분이 종종 경고하셨듯이, 인생이 어쩌면 더 복잡해질 수도 있는데 왜 예수님의 제자가 되었느냐고?

이유는 딱 하나야. 예수님 안에서 우리는 하나님의 얼굴을 보거든. 예수님이 진리이시니까. 영원한 진리이며 육신을 입은 하나님이시니까. 그의 삶과 죽음, 부활 안에서 내가 하나님, 생명을 주시는 그분께 가까이 다가갈 수 있다는 것을 아니까. 아빠는 그 어떤 것도 하나님의 사랑으로부터 아빠를 끊을 수 없다는 것을 믿어. 하나님께 모든 능력과 선함이 다 있으니까 말이야. 나는 하나님이 약속을 지키신다는 것을 믿거든.

아빠는 그분께 나의 삶을 드린단다. 깨어지든 온전하든, 짧든 길든 상관없어. 하나님은 불확실한 세상에서 유일하게 확실하신 분이거든. 그분은 경배받으셔야 해. 나나 이 세상에 어떤 일이 일어나서가 아니라 (일은 벌써 일어났지), 그가 하나님이시기 때문에, 예수님을 통해 이 세상을 다시 화목하게 만드신 바로 그 하나님이시기 때문이야. 나를 구원하셨고, 나의 죄를 사하시고 의롭다 불러주셨으며, 모든 것을 붙드는 가운데 계신 분이기 때문이야.

  우리 구세주를 경배하는 것, 찬양과 감사의 제물을 드리는 것, 그것만이 우리의 소명이야. 우리는 하나님께 우리의 삶을 드리는 거야. 건강해지거나, 부유해지거나, 지혜로워지기 위해서가 아니야. 심지어는 그분을 위해 큰일을 하기 위해 힘을 얻기 위해서도 아니야. 그분만이 우리에 대한 모든 권리를 가지셨기 때문에 그분에게 우리의 생명을 드리는 거야. 하나님은 우리를 위해 존재하는 도구가 아니란다.

  이 남자가 하는 말을 아시겠습니까? 우리는 예수님이 우리를 위해서 기적이나 멋진 일을 해줄 수 있기 때문에 그분을 따르는 것이 아닙니다. 그분이 우리로 하여금 하나님께 가까이 다가갈 수 있게 하는 하나님의 독생자이기 때문에 따르는 것입니다.

  요즘 같은 뉴에이지, 신비주의, 종교 사기꾼, 건강과 부가 마치 인생의 전부인 양 떠들어대는 사람들이 판을 치는 이때, 우리는 더욱 예수 그리스도를 단단히 붙들어야 합니다. 우리가 약함을 인정하고, 자유 의지로, 믿음으로 예수님을 향해 걸음을 떼기 시작하면 그분이 우리의 답이라는 것을 알게 될 것입니다.

기적이 일어나려면

우리가 필요한 것을 하나님이 채워주시는 그곳에서 기적이 일어납니다.

우리가 필요한 것 — 무력함 대신 강함

- 죄가 문제라는 것을 인정하십시오.
- 만일 아직 그리스도를 영접하지 않았다면, 그리스도를 구세주로 받아들일 필요가 있다는 것을 인정하십시오.
- 만일 그리스도인이라면, 스스로의 힘으로 그리스도를 위해 살기엔 육신이 약하고 무력하다는 것을 인정하십시오.

그 다음 의지를 보여야만 합니다.

- "온전해지기를 원하는가?"라는 질문에 답하십시오.
- 예수님의 용서와 죄 사해주심을 받아들일지 선택하십시오.
- 있는 곳에 계속 주저앉아 있지 마십시오. 일어나 예수님께 나아가십시오.
- 그분이 용서해주신 것과 그분의 은혜로 인해 주시는 힘을 믿음으로 받으십시오.

우리가 필요한 것을 채워주심

- 육체적 무력함을 강함으로 채워주심: 하나님은 육체적으로 고통받는 이들을 택하셔서 치유하시기도 합니다.
- 영적 무력함을 강함으로 채워주심: 하나님은 자신의 영적 불구를 인정하고 그분께 나아가는 사람에게 구원과 강함을 주심으로써 치유하십니다.

예수님 안에서 우리가 필요한 것을 채우는 법

- 예수님이 필요하다고 인정하기: 예수님을 믿지 않았다면 구원을 얻기 위해서, 예수님을 이미 믿었다면 그리스도인으로 살 힘을 얻기 위해서 그분을 인정하십시오.
- 예수님께 무력함을 내려놓기: 그분 앞에 겸손히 무릎 꿇고, 그분의 발 앞에 죄와 약함을 모두 내려놓으십시오.
- 무력함을 그분의 강함과 바꾸기: 구원을 얻기 위해 하나님께 나아간다면 믿음으로써 그분을 받아들이십시오. 구원은 당신을 위한 하나님의 선물입니다.

이미 그리스도인이라면 예수님을 영접했던 것과 같은 방법으로 그리스도를 위해 살아야 함을 기억하십시오. 은혜에 의하여, 믿음으로 말미암아 말입니다.

- 일어나 걷기: 성령의 힘으로 하나님을 섬길 준비하기

제6장

오천 명이 먹고도 남았더라

예수님은 우리의 소원을 이루어주시는
하나님의 응답이십니다

누구든지 자기 목숨을 구원하고자 하면 잃을 것이요 누구든지 나와 복음을 위하여 자기 목숨을 잃으면 구원하리라. (막 8:35)

오병이어의

큰 기적을 읽을 때면, 친구들과 성지순례를 할 때 겪었던 일이 기억납니다.

우리는 예수님이 오병이어의 기적을 일으켰던 곳을 방문하고 있었습니다. 친구들한테 이 기적을 일깨우고 싶어 가이드에게 물고기 두 마리와 떡 다섯 덩이를 구해달라고 부탁했습니다.

다음날 아침 일찍부터 태양이 타는 듯 내리쬐었습니다. 게다가 전날 밤 먹은 중동 음식이 익숙치 않아서 다들 속이 좋지 않았습니다.

그런데도 우리는 예수님의 여행을 재연하기 위해, 배를 타고 갈릴리 바다를 건너기 시작했습니다. 배는 거친 물결에 심하게 출렁거렸고, 햇볕은 모두를 태울 듯 더욱 뜨겁게 내리쬐었습니다. 모두 정신없이 축 늘어져 있었지만 나는 떡과 물고기만 주면 다들 먹고 기운을 차릴 거라고 생각했습니다. 도착하자마자 싸왔던 떡과 물고기를 풀어놓았습니다. 바로 그때 파리 한 마리가 떡과 물고기로 옮겨다녔습니다. 한 사람이 식탁에 와서 보고는 평생 잊지 못할 말을 했습니다.

"여기 있는 다른 사람이 다 나 같은 기분이라면, 그걸로 오천 명을 다 먹이고도 남겠소!"

지겨워진 것과 아직 채워지지 않은 것

이 이야기가 주는 교훈은 이 세상의 것들로는 충분하지 않은 때가 온다는 것입니다. 이 세상의 것들이 지겨워지고 떡과 물고기를 넘어선 무엇인가를 필요로 할 때가 옵니다.

우리는 그날 약간 우스운 방법으로 이 사실을 알게 되었지만, 이천 년 전 예수님께서는 이 기적을 통해 진지하고도 영원한 메시지를 전하셨습니다. 그 메시지는 예수님이 바로 우리의 소원에 대한 하나님이 주시는 답입니다.

위대한 물리학자이자 철학자였던 파스칼은 모든 사람의 마음에는 하나님 형상을 한 빈 공간이 있는데, 이 공간은 오직 하나님 그분으로만 채워질 수 있다고 하였습니다. 모든 사람은 마음속으로 하나님과의 바른 관계를 갈망하고 있는데, 이것은 오직 예수 그리스도만을 통해서 이루어질 수 있는 것입니다.

해결할 수 없을 만큼 큰 문제는 없다

요한복음 6장을 보면 예수님과 제자들이 갈릴리 바다를 건널 때 큰 무리가 따랐다는 것을 알 수 있습니다.

> 그 후에 예수께서 디베랴의 갈릴리 바다 건너편으로 가시매 큰 무리가 따르니, 이는 병인들에게 행하시는 표적을 보았음이러라. (요 6:1~2)

예수님께서 목적지에 도착하셨을 때, 수천 명의 사람들이 예수님을 기다리고 있었습니다. 덥고, 지치고, 배고팠지만 그땐 그 흔한 음식점도 없었습니다. 그 자리에 있었던 사람들 숫자만 놓고 봐도 이것은 매우 큰 문제였습니다.

요한이 말하기를, 예수님께서 눈을 들어 큰 무리의 사람들이 다가오는 것을 보셨다 하였습니다. 예수님은 사람들에게 먹을 것이 없다는 것을 아셨습니다. 마태복음 14장 15절을 보면 그 장소는 빈들, 즉 사막지역이었으며 날은 이미 저물었습니다. 그리하여 예수님은 빌립에게 이렇게 물으셨습니다.

우리가 어디에서 떡을 사서 이 사람들을 먹이겠느냐. (요 6:5)

해결 방법을 아는 것

이제 빌립은 예수님의 질문에 자신들이 이 문제를 떠맡았음을 알게 되었습니다. 빌립은 현실적으로 대답하였습니다.

각 사람으로 조금씩 받게 할지라도 이백 데나리온의 떡이 부족하리이다. (요 6:7)

왜 예수님은 빌립에게 이런 질문을 하셨을까요? 요한복음 6장 6절을 보면 예수님은 이미 마음속에 하시고자 하는 계획을 가지고 있었습니다.

예수님은 이 굶주린 사람들에게 친히 무엇을 하실지 이미 아셨습니다. 성부, 성자, 성령 삼위일체 하나님은 결코 긴급 회의를 하시지 않습니다. 그분은 우리 모두에 대해서 전부 다 아십니다(요 2:25). 예수님은 빌립이 뭔가를 배우기 원하셨던 것입니다.

빌립은 정확히 계산했습니다. 군중을 다 먹이기 위해 얼마만큼의 비용이 들지 알았습니다. 정확도로 따지면 그의 답은 훌륭했습니다.

하지만 예수님을 계산에 넣지 않았기 때문에 올바른 답이 아닙니다. 우리 모두는 때때로 하나님을 계산에 넣지 않는 죄를 범하곤 합니다. 우리는 흔히 말합니다.

"문제가 생겼는데, 불가능해 보여. 어떻게 해야 문제가 풀리지?"

그러면서 예수님께 도움받을 생각은 하지 않습니다. 그분께서 해결하지 못할 문제는 없는데 말입니다. 참 안타까운 노릇입니다.

가진 힘을 다 쓰는 것

하루는 어떤 꼬마 아이가 아버지가 지켜보는 가운데 큰 바위를 움직이려고 안간힘을 쓰고 있었습니다. 끙끙거리며 밀어도 보고, 잡아당겨 보기도 했지만 바위는 꿈쩍도 하지 않았습니다.

아이의 아빠가 묘한 미소를 지으며 물었습니다.

"아들아, 네 힘을 다 쓰고 있는 거니?"

"네, 아빠. 온 힘을 다 하고 있는 중이에요."

"나한테 도와달라고 묻지 않았잖니? 나는 네 아버지이고, 나의 힘은 곧 너의 힘이기도 하단다."

예수님은 빌립에게 그 문제가 사람에게는 너무나도 크지만 예수님께는 그리 크지 않다는 것을 보여주시고자 했던 것입니다.

여러분이 갖고 있는 심각한 문제를 두 배쯤 더 크게 만들어보십시오. 그것을 다시 두 배로 곱해보십시오. 하나님께도 너무 큰 문제입니까?

> 나는 여호와요 모든 육체의 하나님이라 내게 할 수 없는 일이 있겠느냐? (렘 32:27)

마음속에 크게, 가감할 것 없이, 확실히 새기십시오. 예수님이 해결할 수 없는 큰 문제는 없습니다. 믿으십니까? 믿으시길 바랍니다.

너무 작아 쓸 수 없는 사람은 없다

이 기적을 통해 여러분이 보셨으면 하는 두 번째 진리입니다. 예수님이 쓸 수 없을 만큼 작은 사람은 없습니다. 예수님은 문제를 해결하실 때에 사람을 쓰시는데, 이번에는 작은 아이를 쓰셨습니다.

> 베드로의 형제 안드레가 예수께 여짜오되 여기 한 아이가 있어 보리떡 다섯 개와 물고기 두 마리를 가지고 있나이다. 그러나 그것이 이 많은 사람에게 얼마나 되겠사옵나이까? (요 6:8~9)

안드레는 제자들과 의논을 하던 중에 이 도시락을 싸온 아이를 발견했을 것입니다. 도시락은 그 많은 사람들이 먹기에 부족했을 뿐 아니라, 그 안에 있는 것 역시 보잘것없었습니다. 물고기는 정어리같이 작은 물고기에 불과했고, 보리떡은 떡 중에서도 가장 싸구려 떡이었습니다. 더구나 그 도시락의 주인은 작은 소년이었습니다. 이걸로 무슨 일을 할 수 있겠습니까?

그러나 비록 가난하고 작은 이의 도시락이었지만, 예수님은 그 도시락으로 수많은 이들을 축복하시는 데 쓰셨습니다.

예수님께 드리십시오

우선, 이 소년은 자기 도시락 전부를 주님께 드렸습니다.

"예수님, 이 물고기 중 한 마리만 드릴게요. 나머지 한 마리는 제가 먹어야 하니까요. 이 떡들 중 세 덩이만 드릴게요. 나머지 두 덩이는 배가 고파서 제가 먹어야겠습니다."

소년은 이렇게 말하지 않았습니다.

하나님께 쓰임받고 싶습니까? 모든 것을 그분께 드렸습니까? 혹시라도 "설마 하나님께서 제가 전부 다 드리길 기대하시진 않을 거 아니에요?"라고 말하는 사람이 있을지도 모릅니다.

하지만 저는 그렇게 생각하지 않습니다. 하나님은 여러분과 내가 있는 그대로의 모습으로, 가진 것 전부를 그분께 드리길 원하십니다. 살고자 자신의 생명을 붙드는 이는 생명을 잃게 됩니다. 예수님은 말씀하셨습니다.

누구든지 자기 목숨을 구원하고자 하면 잃을 것이요 누구든지 나와 복음을 위하여 자기 목숨을 잃으면 구원하리라. (막 8:35)

그 소년이 도시락 전부를 예수님께 드리고 나서 배가 고픈 채 돌아갔을 것이라 생각하십니까? 그 아이는 예수님께 아무것도 드리지 않았을 때보다 더 많이 먹었습니다. 예수님께 전부 다 드렸을 때, 예수님은 더 많이 되돌려 주셨습니다.

우리는 하나님께 받은 것보다 더 많이 드릴 수 없습니다.

주라 그리하면 너희에게 줄 것이니 곧 후히 되어 누르고 흔들어 넘치도록 하여 너희에게 안겨주리라. 너희가 헤아리는 그 헤아림으로 너희

도 헤아림을 도로 받을 것이니라. (눅 6:38)

이 소년은 예수님께 도시락을 전부 드렸습니다.

예수님께서 받으십니다

우리가 예수님께 무언가를 드리면, 예수님은 받으십니다. 그분의 이름으로 드린다면, 찬물 한 컵일지라도 기쁘게 받으십니다. 아무리 작은 것일지라도 그분은 쓰실 수 있습니다.

예수님은 우리에게 없는 것을 달라고 하지 않으십니다. 예수님을 장사지내기 전 마리아가 예수님의 발에 향유를 부었을 때, 예수님은 마리아가 바친 것에 대해 이렇게 말하셨습니다.

그는 힘을 다하여 내 몸에 향유를 부어 내 장례를 미리 준비하였느니라. (막 14:8)

우리 모두는 우리가 할 수 있는 일이라면 다할 수 있습니다. 뻔한 소리라 생각할지 모르지만, 우리는 종종 이 사실을 잊을 때가 있습니다. 하나님은 우리가 할 수 있는 일을 하라고 하십니다. 우리가 가진 것을 주라고 하시지, 우리에게 없는 것을 주라고 하시지 않습니다. 예수님은 소년의 미천한 도시락을 받으시고 그것으로 기적을 행하셨습니다.

예수님께서 변화시키십니다

하나님께서 당신을 쓰실 수 없을 거라고 말하는 것은 하나님을 모욕하는 것입니다. 하나님은 평범한 사람을 데려다 비범한 일을 하시는 데 쓰시는 전문가이십니다. 성경은 말합니다.

너희를 부르심을 보라. 육체를 따라 지혜로운 자가 많지 아니하며 능한 자가 많지 아니하며 문벌 좋은 자가 많지 아니하도다. 그러나 하나님께서 세상의 미련한 것들을 택하사 지혜 있는 자들을 부끄럽게 하려 하시고 세상의 약한 것들을 택하사 강한 것들을 부끄럽게 하려 하시며 하나님께서 세상의 천한 것들과 멸시받는 것들과 없는 것들을 택하사.
(고전 1:26~28)

베다니에서 마리아가 예수님께 어떻게 헌신했는지 다시 생각해봅시다. 예수님은 그녀에 대해 이렇게 말씀하셨습니다.

온 천하에 어디서든지 복음이 전파되는 곳에는 이 여자가 행한 일도 말하여 그를 기억하리라. (막 14:9)

이 세상은 아직도 마리아가 드린 향유 냄새로 가득 차 있습니다. 예수님께서 영원한 기념물로 바꾸셨기 때문입니다.

마가복음 14장 41~44절에 나오는 과부 이야기도 기억납니다. 예수님의 말씀에 따르면, 성전에 와 두 렙돈(옛날의 화폐 단위로 매우 적은 돈을 뜻함)을 헌금했던 이 여인은, 자신의 '생활비 전부'를 드렸습니다(막 12:41~44). 보잘것없이 적은 돈이었지만 그녀의 모든 것이었습니다. 그러나 주님께 전부를 드렸기 때문에 주님은 그녀의 헌금을 귀하게 바꾸셨습니다.

그날 부자들이 많은 헌금을 가지고 왔었습니다. 그러나 예수님은 이 여인이 헌금함에 넣는 다른 모든 사람들보다 더 많이 넣었다고 말씀하셨습니다.

예수님은 평범한 사람을 택하셔서 그들을 통해 비범한 일을 하기를 기뻐하십니다. 그분은 작은 소년의 도시락을 받아 그것으로 많은 군중을 먹이셨습니다(요 6:10~13). 우리는 하나님이 쓰시기에 결코 작지 않습니다.

채워지지 않을 만큼 심한 배고픔은 없다

이 기적을 통해 보셨으면 하는 세 번째 진리입니다. 예수님이 채우실 수 없을 만큼 심한 배고픔은 없습니다. 그날 행하셨던 기적이 의미 있는 이유는 그분이 오천 명을 먹이셨기 때문이 아니라, 이 기적을 통해 우리 마음속 깊이 있는 영적인 배고픔을 그분이 채워주실 수 있다는 것을 가르쳐주셨기 때문입니다.

이것이 바로 이 기적의 메시지, 즉 이 표적의 의미입니다. 여기서 우리는 이 기적을 넘어 예수님께로 나아가야 합니다.

예수님은 영의 양식입니다

요한복음 6장 14~15절을 보면, 예수님께서 놀라운 그 기적의 현장을 떠나셔야 했던 이유가 나와 있습니다. 사람들이 예수님을 억지로 왕으로 삼으려 했기 때문입니다. 즉, 기적과 관련해서 더 이상 다른 말씀을 전하려 해도 사람들이 들을 상황이 아니었기 때문입니다.

가르침은 다음날 사람들이 예수님을 다시 찾아왔을 때에 있었습니다. 바다 건너편에서 만난 랍비여, 언제 여기 오셨나이까? (요 6:25)

그들은 영원히 "밥"을 먹여줄 구세주를 찾았다고 생각했기 때문에 예수님을 찾아다녔습니다. 그러나 예수님께서는 말씀하셨습니다.

진실로 진실로 너희에게 이르노니 너희가 나를 찾는 것은 표적을 본 까닭이 아니요 떡을 먹고 배부른 까닭이로다. (요 6:26)

예수님께서 "진실로 진실로"라고 말씀하실 때는 귀를 쫑긋 세우고 잘 들으라는 뜻입니다. 주목하십시오. 사람들이 예수님을 찾아다녔던 이유가 단지 그들을 먹여주셨기 때문이라는 것을 그분은 아셨습니다. 그들은 떡과 물고기를 원했습니다. 그래서 그분은 그들에게, 그리고 우리에게 매우 중요한 명령을 하십니다.

썩을 양식을 위하여 일하지 말고 영생하도록 있는 양식을 위하여 하라. 이 양식은 인자가 너희에게 주리니 인자는 아버지 하나님께서 인치신 자니라. 그들이 묻되 우리가 어떻게 하여야 하나님의 일을 하오리이까? 예수께서 대답하여 이르시되 하나님께서 보내신 이를 믿는 것이 하나님의 일이니라 하시니. (요 6:27~29)

우리가 예수님을 믿는 바가 바로 이것입니다. 예수님은 영의 양식이십니다. 우리는 이 세상의 일시적인 것인 '썩을 양식' 그 너머를 보아야 합니다.

나에게 이렇게 말한 사람들이 있었습니다.

"왜 교회 건물을 크게 짓습니까? 그 돈으로 가난한 사람들이나 돕지 않고요?"

물질적인 것 외엔 보지 못하는 사람들이 여러분에게도 비슷한 질문을 했을 것입니다. 이런 사람들에게 나는 이렇게 말합니다.

"그럼 왜 은행을 크게 짓습니까? 왜 풋볼 경기장은 크게 짓고요? 왜 경기장을 팔아서 가난한 사람들을 먹이지 않습니까? 왜 사람들이 주유소를 팔아서 가난한 사람들을 먹이지 않죠?"

그러면 그들은 이렇게 말합니다.

"그건 사람들이 돈도 필요하고, 기분 전환도 해야 하니까요. 차도 굴려야 하니 기름이 필요하고요."

그러나 나는 이렇게 말하고 싶습니다.

"사람들은 그 어떤 것보다 예수님이 필요합니다."

우리가 사는 세상은 사람들에게 필요한 것이 마치 썩어 없어질 양식뿐이라고 생각합니다. 그러나 내가 오십억 달러쯤 되는 돈이 있어서 그 돈으로 지구상에 있는 배고픈 사람들에게 먹을거리를 사준다고 해봅시다. 몇 시간 지나지 않아서 모두 다시 배가 고파질 것입니다. 음식은 사라지고 마는 것이니까요.

가난한 사람을 먹이는 일은 필요합니다. 의지할 곳 없는 이들을 도우면 축복받을 것입니다. 당연히 도와야 합니다. 그러나 구원 복음에 반하여 일어났던 소위 사회 복음은 일시적인 것을 너무 중요시합니다. 구원 복음은 영원한 것을 강조하는 데 말입니다.

이 세상을 더 좋게 만들어봤자 그 다음이 바로 지옥이라면 아무 소용이 없습니다. 그런데 이 세상을 더 좋게 만드는 데에만 관심을 갖는 사람들이 있습니다. 우리는 사람들이 구원받을 수 있도록 도와야 합니다. 잘 먹고 보기 좋게 꾸미는 삶이 전부가 아닙니다. 구원이 필요합니다. 사람들은 예수 그리스도가 필요합니다. 예수님은 그분께 나아가는 사람들에게 이렇게 말했습니다.

"내가 바로 너희의 영을 살리는 진정한 영의 양식이다. 내가 너희에게 먹을 것을 주었다고 오지 말고, 너희의 가장 깊은 배고픔을 채울 수 있으므로 나에게 오라."

우리에게는 영원한, 결코 죽지 않는 영혼이 있습니다. 예수님은 영의 양식입니다. 그분은 굶주린 여러분의 영혼을 위한 바로 그 영의 양식입니다.

예수님은 초자연적인 양식입니다

예수님은 영의 양식일 뿐 아니라 초자연적인 양식입니다. 요한복음 6장 30절에서 사람들은 예수님께 이렇게 말했습니다.

"우리에게 무슨 표적을 행하셔서 당신을 믿게 하시겠습니까? 당신은 지금 무엇을 하시렵니까?"

그들은 예수님이 그들을 위해서 기적을 행하시기를 청하고 있습니다. 그들은 이렇게 말하고 있는 것입니다.

"기적을 일으켜봐. 우리한테 천상의 마술을 한번 보여봐."

예수님은 가르치기 위해서 기적을 행할 뿐, 좇는 사람 수를 늘리기 위해 기적을 행하신 적이 한 번도 없었습니다. 실상은 예수님이 오천 명을 먹이셨을 때 그분을 따르던 사람들이, 예수님이 영원한 실제에 대해 이야기하기 시작하시자 그분의 곁을 떠났습니다(요 6:66).

기적은 전도를 하기 위한 최상의 도구가 아닙니다. 방금 믿을 수 없는 기적을 봤던 사람들이 다시 또 다른 기적을 보여달라고 요구합니다. 사람들은 기적만으로는 만족할 수 없습니다. 예수 그리스도를 통해 하나님과 올바른 관계가 회복될 때에만 모든 것이 만족스러울 수 있습니다.

기록된 바 하늘에서 그들에게 떡을 주어 먹게 하였다 함과 같이 우리 조상들은 광야에서 만나를 먹었나이다. 예수께서 이르시되 내가 진실로 진실로 너희에게 이르노니 모세가 너희에게 하늘로부터 떡을 준 것이 아니라 내 아버지께서 너희에게 하늘로부터 참 떡을 주시나니. (요 6:31~32)

만나는 이스라엘 백성들에게 초자연적으로 공급되었던 하늘에서 내려온 떡이었습니다. 그들은 그저 밖에 나가 줍기만 하면 되었습니다.

그런데 지금 예수님은 그것은 단지 진정한 양식을 설명하기 위해 주어진 상징적인 것에 불과하다고 하십니다.

"내가 바로 너의 배고픔을 해결해줄 수 있는 진정한 양식이다. 내 아버지가 너희 영혼을 먹이시려고 하늘에서 나를 보내셨다."

예수님은 이제까지 말씀하시던 것에 이렇게 쐐기를 박으십니다.

하나님의 떡은 하늘에서 내려 세상에 생명을 주는 것이니라. (요 6:33)

하늘에서 내려왔던 만나는 그리스도를 예언하는 모형과도 같은 것이었습니다. 만나도 예수님도 하늘에서 내려왔습니다. 만나는 지면에 깔렸습니다. 예수님은 온유하시고 스스로 낮추어 겸손하셨습니다. 만나는 둥근 모양, 즉 예수님의 영원하심을 상징하는 모양이었습니다. 만나는 하얀색으로 그분의 죄 없는 순결하심을 상징합니다. 만나는 꿀맛이 났는데, 바로 그분의 다정하심을 말합니다. 만나는 기름에 구운 맛이 났는데, 주 예수 그리스도께서 기름 부으심을 받았다는 것을 말합니다. 만나는 사람들이 육체적 생명을 유지할 수 있도록 에너지를 주었는데, 예수님은 우리가 영적으로 건강하게 영원히 살 수 있도록 생명을 주십니다.

구약의 만나는 주 예수 그리스도를 상징합니다. 육체적 생명을 유지하기 위해서 사람들은 직접 만나를 먹어야 했습니다. 우리가 영생을 얻기 위해서는 예수님을 개인적으로 영접함으로써 받아들여야 합니다. 예수님은 하늘의 양식입니다.

사람들이 이 말씀을 들었을 때 이렇게 말했습니다.

주여, 이 떡을 항상 우리에게 주소서. (요 6:34)

그러나 그들은 진실로 이해하지 못했습니다. 사실 얼마 지나지 않아 그들은, 그들의 가장 깊은 배고픔을 채워주기 위해 하늘에서 내려온 양식이신 그분을 등졌습니다.

예수님은 든든한 양식입니다

이제 이 기적의 메시지를 볼 때입니다. 바로 예수님이 오천 명을 먹이신 이유입니다.

예수께서 이르시되 나는 곧 생명의 떡이니 내게 오는 자는 결코 주리지 아니할 터이요 나를 믿는 자는 영원히 목마르지 아니하리라. (요 6:35)

예수님은 우리 영혼을 먹이시는 든든한 양식입니다.

사람들은 만족함을 찾아 여기저기 헤매고 다닙니다. 그러나 오직 예수님께 나아감으로 인해 제자리를 찾기 전까지는 만족함을 찾을 수 없습니다. 사람들은 이렇게 말합니다.

"도저히 만족할 수가 없어. 원했던 것을 얻었는데도 만족스럽지가 않았고, 또 다른 것을 얻었지만 마찬가지로 만족스럽지가 않았어."

정말 그렇습니다. 만족함은 주 예수 그리스도에게만 있기 때문입니다.

예수님은 우리를 살리는 양식이십니다

오천 명을 먹이신 이 기적으로부터 배울 마지막 진리입니다. 예수님은 우리를 살리는 양식이십니다.

진실로 진실로 너희에게 이르노니 믿는 자는 영생을 가졌나니 내가 곧 생명의 떡이니라. 너희 조상들은 광야에서 만나를 먹었어도 죽었거니와 이는 하늘에서 내려오는 떡이니 사람으로 하여금 먹고 죽지 아니하게 하는 것이니라. 나는 하늘에서 내려온 살아 있는 떡이니 사람이 이 떡을 먹으면 영생하리라. 내가 줄 떡은 곧 세상의 생명을 위한 내 살이니라 하시니라. (요 6:47~51)

만일 어떤 음식이나 영양제를 먹고 100살까지 건강하게 살 수 있다면, 무슨 대가를 치르더라도 먹으려는 사람들이 있을 것입니다. 목숨을 연장하기 위해서라면 무엇이든지 할 사람들입니다.

그러나 예수님은 우리가 생명의 떡인 그분을 먹는다면, 절대 죽지 않을 것이라고 하셨습니다. 영원한 생명을 얻는 것이기 때문입니다.

육신을 위한 젊음의 샘 같은 것은 없지만, 영혼을 위한 샘은 있습니다. 바로 예수님이십니다. 바울은 이렇게 썼습니다.

우리의 겉사람은 낡아지나 우리의 속사람은 날로 새로워지도다. (고후 4:16)

예수님은 그날 왜 오천 명을 먹이셨을까요? 그들을 긍휼히 여겨 그들이 필요한 것을 채워주기 위해서였습니다. 더 나아가 그분은 자신이 생명의 떡이라는 것을, 우리가 그분을 의지하여 살 때 영원히 살 수 있다는 것을 가르치기 위해 이 기적을 행하셨습니다.

우리는 기적 너머에 계신 예수님께로 나아가야 합니다. 그날 예수님이 먹이셨던 사람들은 다음날 다시 배가 고팠을 것입니다. 그러나 예수님을 찾고, 예수님을 영의 양식으로 삼을 때, 영원히 만족스럽게 배부를 것이며 영원히 살 수 있게 됩니다. 예수님은 이렇게 말씀하셨습니다.

내가 온 것은 양으로 생명을 얻게 하고 더 풍성히 얻게 하려는 것이라. (요 10:10)

예수님을 구하라

우린 앞에서 예수님이 이렇게 말씀하신 것을 보았습니다.

썩을 양식을 위하여 일하지 말고 영생하도록 하는 양식을 위하여 하라. (요 6:27)

산상수훈을 베푸셨던 팔복산에서도 이렇게 말씀하셨습니다.

의에 주리고 목마른 자는 복이 있나니 저희가 배부를 것임이요. (마 5:6)

주리고 목말라 구해야 할 것은 '의' 입니다.

예수님을 구하는 것이 의를 구하는 것입니다. 고린도전서 1장 30절에서 "예수님은 우리에게 지혜와 의로움과 거룩함과 구원함이 되셨다."고 말하고 있기 때문입니다.

다른 무엇보다 예수님 구하기

예수님이 우리에게 의에 주리고 목말라 하라고 말씀하신 것은 달리 하면, "너희가 주린 것은 바로 나다. 내가 네 영혼이 진정으로 필요로 하는 의요 만족함이다."라고 말씀하시는 것입니다.

복이 있다는 말의 뜻은 "즐겁다, 행복하다, 만족스럽다"입니다. 그런데 예수님은 그저 "주리고 목마른 자가 복이 있다."고 말씀하시지 않았습니다.

오늘날 이 세상에서 잘못 알고 있는 부분입니다. 모든 사람은 복받기를 원합니다.

"축복해주십시오, 주님. 기쁨을 주십시오. 만족함을 주십시오."

우리는 매일 이렇게 부르짖기는 하나 만족함과 기쁨을 구하는 이는 결코 찾을 수 없습니다.

왜냐하면 만족함과 기쁨은 전능하신 하나님과의 올바른 관계에서 비롯된 부산물이기 때문입니다. 예수님은 의에 주리고 목마른 자는 진정으로 행복할 것이라고 말씀하셨습니다.

아무리 해도 만족스럽지 못하고, 바라는 바가 이루어지지 않는다는 생각이 팽배한 요즘은 더 심각한 병, 즉 불의가 만연하고 있습니다.

열이 나고 아프다고 가정해봅시다. 병원에 가면 고통을 없애고 열을 내리는 약을 줄 것입니다. 다 좋습니다. 그런데 만일 의사가 열과 고통의 원인인 감염에 대해서 생각하지 않는다면 어떨까요? 그 의사는 좋은 의술을 펼쳤다고 할 수 없을 것입니다.

이것이 바로 많은 사람들이 영적으로 애쓰고 있는 바입니다. 고통의 원인인 불의의 병을 고치기보다 불행과 절망의 고통을 단순히 진정시키기만 할 뿐입니다.

다시 말씀드리면 우리가 필요한 것은 바로 주 예수 그리스도입니다. 우리는 그분에 주리고 목말라 있습니다. 따라서 그분을 찾을 때 우리는 복을 누릴 수 있습니다.

우리는 예수님 말고는 영적으로 다른 어떤 것도 필요하지 않습니다. 종파나 교의, 교우, 도덕 등 그 어떤 것도 구하지 마십시오.

예수그리스도가 마음에 있기 전까지는 결코 만족할 수 없습니다. 기적 너머 계신 예수님께로 가야 하지만, 예수님 너머에는 아무것도 없습니다. 예수님께로 더 깊이 나아갈 수는 있지만, 예수님 너머로 갈 수는 없습니다. 성경이 주는 메시지는 기적이 있다는 것을 믿으라, 그리고 신뢰할 것은 예수님뿐이라는 것입니다.

때때로 사람들은 나에게 이렇게 물어봅니다.

"목사님은 두 번째 복을 받았습니까?"

그렇다고 대답하면 그들은 좀 더 자세히 이야기해달라고 말합니다.

"두 번째 복은 첫 번째 복이 어떤 것인지 알아가는 것입니다. 즉, 회개하고 예수님을 구주로 영접하면서 받은 첫 번째 복인 의롭게 여김받는 것이 어떤 것인지 알아가는 것이지요. 나는 성령 세례인 두 번째 복뿐 아니라 세 번째 복도 받았습니다. 성령 세례를 받고도 미처 알지 못했던 것들을 재발견하는 복을 누리고 있습니다."

예수님에 대해 배우는 데는 끝이 없지만, 결국 예수님이 우리에게 필요한 모든 것이 되신다는 뜻입니다. 우리는 무엇보다도 예수님을 찾아야 합니다.

요즘 세상 사람들은 무엇을 찾고 있습니까? 음식, 옷, 건강, 명성, 친구들 등이겠지요. 이런 것들을 찾는다고 잘못은 아닙니다. 그런데 이것들이 삶에 차지하는 위치가 어떠해야 합니까? 두 번째여야 합니다. 하나님만이 첫 번째 자리를 요구하실 수 있으며, 차지하시기에 마땅합니다. 다른 것들을 하나님 앞에 놓는다면 우리는 결코 주린 우리의 마음을 채울 수 없을 것입니다.

목적을 가지고 예수님 구하기

우리는 또한 목적을 가지고 예수님을 찾아야 합니다. 예수님은 요한복음 6장 27절에서 영생하도록 하는 양식을 위해서 일하라고 하셨습니다. 이 말씀은 긴장감을 가지고 진지하게 임하라는 뜻입니다. 하나님은 일을 하고자 하는 이들에게 역사하십니다. 영적으로 주리면서도 얻지 못하는 사람들은 예수님을 진정으로 원하지 않기 때문입니다.

우리는 어떤 사람이 진짜 배가 고픈지 알 수 있습니다. 대도시에서 쓰레기통을 뒤져 먹을 것을 찾는 사람들을 보았습니다. 그들은 음식 앞에 그렇게까지 낮아지는 것입니다. 사람이 배가 고프면, 모든 관심사는 하나로 모아집니다. 먹을 것만을 원하게 되며, 먹을 것을 구하기 위해서라면 어떤 모습으로든 낮출 것입니다.

집에서 어떤 손님을 위해서 진수성찬을 마련했다고 가정해봅시다. 한 끼 식사를 준비하기 위해 큰 수고를 하여 맛도 있고 보기에도 먹음직스러운 상을 차렸습니다. 그런데 손님이 자리에 앉자마자 말합니다.

"난 먹지 않겠습니다."

왜 먹지 않느냐고 물으니 손님은 말합니다.

"접시가 이가 빠졌어요. 파슬리 가루도 엉뚱한 쪽에 뿌려졌고요. 식탁보에 얼룩도 보이네요."

그 즉시 손님의 상태에 대해 알게 됩니다. 무례하거나 진짜 배가 고프지 않거나 둘 중 하나입니다. 배고픈 사람은 파슬리 가루가 어디에 뿌려졌건 아무 상관이 없을 것이기 때문입니다.

교회에서 프로그램에 대해 비판하는 사람들을 볼 수 있지요? 그들은 이건 이래서 싫고 저건 저래서 싫다고 말합니다. 못마땅한 것이 가득한 사람들입니다.

우리는 어느 교회를 가든 비판거리를 찾아낼 수 있습니다. 하지만 예수님을 찾기 위해 간다면 예수님을 찾게 될 것입니다. 주린 사람들은 겸손한 사람들입니다. 그들은 비판하지 않습니다. 그들은 예수님을 기뻐하기 위해 교회에 갑니다. 그들은 채움받기를 원합니다. 여러분은 무엇에 주려 있습니까?

예수님을 끊임없이 찾기

예수님은 말씀하셨습니다.

내게 오는 자는 결코 주리지 아니할 터이요 나를 믿는 자는 영원히 목마르지 아니하리라. (요 6:35)

우리는 예수님을 영원히 끊임없이 구해야 합니다. 그리하면 다시는 주리지도 목마르지도 않을 것이라고 말씀하셨습니다. 한 번만 먹으면 다시는 먹지 않아도 될까요? 아닙니다. 예수님은 배고플 때면 언제든 먹이신다고 했습니다. 목마를 때면 생명수를 주신다고 했습니다.

"너는 끊임없이 나를 찾게 될 것이다. 그때마다 내가 너를 만족하게 채워줄 것이다."

명절에는 상다리가 휘도록 음식이 가득 차려집니다. 접시 바닥이 보일 때까지 그 쌓인 음식들을 먹습니다. 다들 "너무 배불러. 이제는 아무것도 먹고 싶지 않아."라고 말합니다. 그리고는 모두들 만족스러워합니다.

그런데 대여섯 시간만 지나면 어떻게 됩니까? 주방을 어슬렁거리며 뭐 먹다 남은 음식이 없을까 하고 냉장고 문을 열었다 닫았다 합니다.

왜 그렇습니까? 하나님이 우리를 그렇게 만드셨기 때문입니다. 건강한 사람은 끊임없이 식욕이 생기게 마련입니다. 그리스도와도 마찬가지입니다. 언제든지 우리를 그분 안에서 만족시키려고 우리로 하여금 끊임없이 그분을 찾게 만드십니다. 우리는 그저 예수님 안에서 배불리 먹고 즐거워하면 됩니다.

예수님께 주릴 때면 그분은 우리와 함께 하심으로 든든한 양식이 되어 주십니다. 목이 마를 때면 우리 곁에서 생수를 건네주십니다. 할렐루야! 주 예수 그리스도와 같은 구세주가 또 어디 있습니까!

연회로의 초대

요한복음 6장 50~51절에서 예수님이 뭐라 말씀하셨는지 아십니까?

생명의 떡을 먹기 위해 우리가 해야 할 일은 식탁에 앉아 먹는 것이 전부라 하셨습니다.

배고픈 사람을 연회에 초대해보십시오. 연회는 예수님이 베푸십니다. 요리사는 예수님입니다. 예수님이 우리에게 "와서 먹으라."고 말씀하십니다.

하지만 선택은 우리에게 달려 있습니다. 우리는 하나님의 말씀, 즉 예수님께 나아갈 수 있는 선택을 할 수 있습니다.

"고맙지만 사양하겠습니다. 배가 고프지 않습니다."라며 거절할 수도 있습니다. "예수님, 당신이 바로 제가 원하던 분입니다. 저는 정말로 배가 고픕니다. 진정으로 당신을 원합니다."라고 응할 수도 있습니다.

그런데 초대에 응하는 사람 중에 예수님을 양식 삼는 것이 어떤 것인지 모르는 사람이 있습니다. 예수님이 말씀하신 것을 함께 봅시다.

"내가 진실로 진실로 너희에게 이르노니 내 말을 듣고 또 나 보내신 이를 믿는 자는 영생을 얻었고 심판에 이르지 아니하나니 사망에서 생명으로 옮겼느니라."(요 5:24)

하나님의 말씀을 믿고 그리스도를 영접한다면, 예수님을 구하고 그분의 말씀을 양식 삼는다면, 허기진 영혼을 그분께 내어놓는다면, 주님께서 여러분을 만족하게 하실 것입니다.

주님의 말씀의 권세로 여러분께 약속드립니다. 여러분은 예수님 안에서 끊임없이 진수성찬을 먹게 될 것이며 영원히 만족할 것입니다. 잔치상은 다 차려졌습니다. 와서 먹읍시다!

기적이 일어나려면

우리가 필요한 것을 하나님이 채워주시는 그곳에서 기적이 일어납니다.

우리가 필요한 것을 채워주심 — 우리의 소원에 대한 하나님의 채워주심

하나님이 풀 수 없을 만큼 큰 문제는 없다는 것을 기억하십시오.
- 해결 방법을 알아야 합니다: 예수님께 문제를 가지고 오십시오.
- 가진 힘을 다 써야 합니다: 하나님께 도움을 요청하십시오.

하나님이 쓰실 수 없을 만큼 작은 사람은 없다 하였습니다.
- 당신의 '도시락'이 아무리 작을지라도, 가진 것을 다 예수님께로 가져가십시오.
- 당신이 가진 것을 받으실 것입니다: 예수님이 당신에게서 원하는 것은 이것뿐입니다.
- 예수님은 당신이 가진 것을 변화시키실 것입니다.

하나님이 채우실 수 없을 만큼 깊은 굶주림은 없다 하였습니다.
- 예수님은 영의 양식: 그분은 당신의 가장 깊은 굶주림에도 충분하십니다.
- 예수님은 초자연적인 양식: 그분은 하늘에서 내려오셨습니다.
- 예수님은 든든한 양식: 다른 것은 필요하지 않습니다.
- 예수님은 우리를 살리는 양식: 채워주심이 결코 그치지 않을 것입니다.

예수님 안에서 필요한 것을 채우는 법

하나님이 채워주심을 경험하기 위해서는 예수님을 구해야 합니다.

- 다른 무엇보다 예수님 구하기: 성령이 인도하시는 눈으로 엄격하게 당신의 삶을 바라보십시오. 다른 어떤 것보다 진정으로 더 원하는 것이 무엇입니까? 정직한 답이 예수님이 아닌 다른 무엇이라면, 하나님께 당신의 소원을 바꾸어달라고 기도하십시오.

- 목적을 가지고 예수님 구하기: 예수님이 왜 필요합니까? 당신 안에서, 당신을 통해 예수님이 하시기 원하는 일이 무엇일지 시간을 가지고 질문에 대답해봅시다. 예수님께 구체적으로 구하십시오.

- 끊임없이 예수님 구하기: 영적인 힘이 없어졌습니까? 그분은 언제든 당신의 주림을 채워주실 준비가 되어 있습니다. 새롭고도 더 큰 영적 식욕을 달라고 기도하십시오.

- 그분의 초대에 응하기: 소년의 도시락으로 수많은 사람을 먹이셨던 분과 한 식탁에 앉으십시오. 예수님으로부터 영혼의 영양을 공급받아 다시는 주리지 마십시오.

제 7 장

폭풍우를 꾸짖으시다

예수님은 우리의 절망을 평안으로 바꾸는
하나님의 응답이십니다

자기를 힘입어 하나님께 나아가는 자들을 온전히 구원하실 수 있으니, 이는 그가 항상 살아 계셔서 그들을 위하여 간구하심이라. (히 7:25)

이 장에서는 여러분에게

오랜 친구 하나를 소개할까 합니다. 다들 오랫동안 알아왔을 테지만, 그가 친구라는 사실은 몰랐을 수도 있습니다.

친구란 어떤 존재입니까? 우리를 더 나은 사람으로 만들어주는 존재입니다.

> 철이 철을 날카롭게 하는 것 같이 사람이 그 친구의 얼굴을 빛나게 하느니라. (잠 27:17)

성경에서 말하는 것처럼, 진정한 친구는 우리 삶에 활력을 불어줍니다. 우리를 다듬어 더 나은 사람이 되게 해줍니다. 사랑하기에 조언을 하지만, 그것이 때론 아플 때도 있습니다.

> 친구의 아픈 책망은 충직으로 말미암는 것이나 원수의 잦은 입맞춤은 거짓에서 난 것이니라. (잠 27: 6)

깨끗한 삶을 살고 예수님께로 가까이 이끌어주는 친구, 어떻습니까? 더 많은 영적 힘을 주고 사랑하는 사람을 예수 그리스도께로 인도할 수 있게 도와주는 친구, 어떻습니까? 주 예수 안에서 더욱 성숙한 믿음의 사람으로 만들어줄 친구, 어떻습니까?

이미 그런 친구가 여러분께도 있습니다. 요한복음 6장에서 이 친구를 만나봅시다. 이 친구의 이름은 '환란'입니다. 환란이 친구라니 좀 이상하지요? 그러나 어려움이 닥쳤을 때 주 예수 그리스도께 모든 것을 내맡기고 그분이 우리 안에서 온전히 역사할 수 있도록 마음을 연다면, 환란이 앞서 말한 모든 일을 다해줄 그 친구라는 것을 알게 됩니다.

이제 살펴볼 기적에서 예수님의 제자들은 큰 어려움에 봉착하게 됩니다. 그래서 예수님은 그들을 구하기 위해 기적을 베푸십니다. 그 기적은 메시지가 있는 기적으로, 우리도 그 메시지를 간절히 듣고 주의를 기울여야만 합니다.

여러분의 인생이 순조롭게 오늘에 이르렀다면, 참 감사한 일입니다. 그러나 언제든 인생에 폭풍이 몰아치면 예수님께 달려가 안전히 피해야 하고 또 그렇게 할 수 있음을 알아야 합니다.

다섯 번째 기적을 다루기에 앞서, 요한복음 6장으로 돌아가 오천 명을 먹이신 기적에 이은 말씀 몇 구절을 보겠습니다.

요한복음 6장 15~21절을 봅시다. 우리도 갈릴리 바다 근처에 있는 산중턱에서 바다 한가운데로 함께 자리를 옮겨봅시다. 옮겨간 자리에서, 아무리 굶주려도 예수님께서 채우실 수 있다는 것을 안 것처럼, 어떠한 절망의 구렁텅이에 빠질지라도 예수님께서 우리에게 오실 수 있다는 것을 알아봅시다. 이것이 바로 이 장에서 말하고자 하는 메시지입니다.

이 경이로운 이야기를 통해 예수님의 여섯 진리를 알려드리려 합니다. 이 여섯 진리는 여러분의 마음과 삶 깊이 닻을 내려, 인생에 폭풍이 몰아칠 때 떠내려가지 않도록 단단히 붙잡아줄 것입니다.

우리는 하나님이 우리의 가장 깊은 절망의 응답으로 예수님을 주셨음을 확신할 수 있기를 바랍니다. 이 기적을 통해 왜 기적 너머 예수님께로 가야 하는지, 그 여섯 가르침을 배워보겠습니다.

하나님의 섭리

인생에서 폭풍을 만났을 때 가장 먼저 기억해야 할 것은 모든 것이 하나님의 뜻 안에서 일어난다는 것입니다. 제자들은 폭풍에 놀랐지만 예수님은 놀라지 않으셨습니다.

> 그러므로 예수께서 그들이 와서 자기를 억지로 붙들어 임금으로 삼으려는 줄 아시고 다시 혼자 산으로 떠나가시니라. 저물매 제자들이 바다에 내려가서 배를 타고 바다를 건너 가버나움으로 가는데, 이미 어두웠고 예수는 아직 그들에게 오시지 아니하셨더니 큰 바람이 불어 파도가 일어나더라. (요 6:15~18)

알다시피, 예수님은 방금 막 오천 명을 먹이셨습니다. 군중들은 예수님이 보여주신 기적 때문에 떠들썩하니 예수님을 따라다니고 있었습니다. 먹고 배가 부른 그들은 예수님을 그들의 왕으로 삼고 싶어했습니다.

폭풍 속으로

그러나 예수님은 전혀 그런 왕이 되실 생각이 없으셨습니다. 그래서 아우성치며 기적을 쫓아다니는 사람들을 피해 조용히 기도하시려 산으로 물러나셨습니다. 산에 올라가시기 전, 제자들에게 갈릴리 바다를 건너도록 지시하시며 제자들을 바다에 먼저 내려보내셨습니다.

성지 순례 중 이스라엘에서 제일 좋았던 때를 꼽자면 갈릴리 바닷가에서의 저녁이었던 것 같습니다. 작은 호텔에서 묵었는데, 근처에 갈릴리 바다로 나가는 부두가 있었습니다. 골란 고원 너머로 해가 질 때면 그 부두에 앉아 수면 위로 비치는 낙조를 즐기곤 했습니다.

참으로 평화롭고도 고요한 풍경이었습니다. 새들은 물 위를 날아다니고 부드러운 바람이 두 뺨을 어루만졌습니다. 옛 랍비들은 하나님께서 천지의 온갖 종류의 물을 다 만드신 뒤 그분 자신만을 위해서 갈릴리 바다를 따로 만드셨다는 말을 하곤 했는데, 그 뜻을 알 것 같았습니다.

이 이야기를 꺼낸 이유는, 요한이 말한 것처럼 이 기적이 바로 갈릴리 바다에서 저녁에 일어났기 때문입니다. 하루 중 가장 아름답고 평화로우며 고요함이 가득할 때였습니다. 그러나 제자들이 맞이했던 그 저녁의 끝은 환란이었습니다.

상황이 그림처럼 떠오릅니다. 까만 옷에 둥글게 수놓은 흰 박꽃 무늬마냥 밤하늘에 달이 떠 있습니다. 연한 아기의 볼을 부비는 것처럼 제자들의 뺨을 어루만지는 부드러운 바람이 느껴지는 듯합니다. 노련한 어부들은 주님의 명령에 따라 저녁 항해를 시작했습니다.

마태복음 14장 22절을 보면, 제자들이 배를 타고 건너편으로 가도록 예수님이 '재촉하셨다'는 것을 알 수 있습니다. 제자들이 배를 탄 것은 예수님의 뜻이었습니다. 그래서 별 어려움이 있을 거란 생각 없이 제자들은 떠났습니다.

그날 저녁 제자들은 기쁨과 평안함으로 충만했습니다. 방금 주님이 오천 명을 먹이신 것을 보았던 터였습니다. 가슴은 한껏 부풀어올랐으며 힘이 절로 느껴지는 것 같았습니다. 결국 그들이 섬기던 주님은 기적을 일으키시는 분이었던 것입니다. 그리고 아무것도 모르는 채 쩍 벌린 폭풍의 입 안으로 들어가고 있었던 것입니다.

예수님이 시키시는 대로

이런 경험들이 있을 겁니다. 모든 것이 안정되고 아름다워 보입니다. 그날 밤 제자들이 배를 저어갔듯, 당신도 나아갑니다. 바로 그때 폭풍이 강타합니다. 갈릴리 바다 위를 순식간에 쓸어버릴 바람이 몰아닥친 것입니다. 거대한 파도는 그들을 집어삼키려고 밀려오고, 배에는 점점 물이 차오릅니다. 맞바람이 거세게 불기 시작합니다. 달이 숨어버립니다. 갑자기 칠흑처럼 어두워집니다.

마태는 우리의 이해를 돕기 위해 이 기적이 어떤 상황에 일어났는지 좀 더 자세히 알려줍니다. 이 폭풍은 밤 사경, 즉 어두운 밤중에도 가장 어두울 때 불어닥쳤습니다(마 14:25).

제자들은 계속 노를 젓고 허리가 아파옵니다. 두려움으로 손이 떨리지만 망망대해 가운데서 멈출 수도 없습니다. 돌아갈 수도 나아갈 수도 없습니다. 뭍으로 헤엄쳐 가기엔 너무 멀 뿐 아니라, 어두움 속에서 해안선이 어느 쪽인지 알 수도 없습니다. 그들은 절망에 휩싸입니다.

그러나 그들의 곤경을 예수님은 전부 다 아십니다. 바다를 만든 이가, 파도를 잠잠하게 만들 힘이 있는 이가, 그리고 물 위를 걸을 수 있는 이가 폭풍에 놀란다는 것은 말이 안 됩니다.

여호와께서 명령하신즉 광풍이 일어나 바다 물결을 일으키는도다. (시 107:25)

이미 주지하다시피 이 모든 사건은 주 예수께서 명하신 일입니다. 제자들을 폭풍으로 내보내신 이도 그분입니다. 하나님의 뜻에 벗어났기에 폭풍 가운데 처한 것이 아닙니다. 하나님의 뜻 안에 있기에 그 가운데 있는 것입니다.

어쩌면 당신도 폭풍 한가운데 있을지 모릅니다. 당신의 작은 배가 가라앉고 있습니다. 냉혹한 파도가 당신을 삼키려고 덤벼들고 있습니다. 너무 어두워서 코앞에 있는 두 손조차 보이지 않을 수도 있습니다. 사방의 바람들이 다 당신을 향해서만 부는 것처럼 보입니다.

하지만 그 어떤 일도 예수님이 일으키시거나 허락하시기 전에 당신에게 일어나지 않는다는 것을 기억하십시오. 하나님은 어떤 방식으로든 그분의 섭리 가운데서 당신을 돌보시고 인도하십니다.

어두움 가운데서 예수님이 안 보일 수도 있습니다. 그러나 예수님은 당신을 보고 계십니다. 우리 눈에 보이건 보이지 않건, 우리가 이해하건 이해하지 못하건, 하나님은 전 우주를 주관하시는 자신의 주권을 거두신 적이 없습니다. 당신에게 닥친 폭풍은 그분의 손 안에 있습니다.

하나님의 계획대로 자라기

예수님이 물 위를 걸으신 기적에서 발견할 수 있는 두 번째 진리, 바로 여러분의 영혼을 위한 두 번째 닻입니다. 폭풍이 최악으로 불어닥칠 때라도 여러분은 하나님의 계획대로 성장하고 있습니다.

당신을 위한 하나님의 계획은 어떤 것일까요? 하나님은 당신을 응석받이로 키우지 않으십니다. 하나님은 당신이 자라기를 원하십니다. 하나님은 당신이 그저 행복하고 건강하기보다 거룩하게 되는 데 훨씬 더 관심이 있으십니다.

환란을 통해 성장하기

제일 많이 자랐을 때를 생각해보십시오. 영적으로 자라고 성숙해졌을 때가 언제입니까? 여러분의 친구 환란이 옆에 있을 때 여러분은 영적으로 괄목상대했습니다.

우리는 환란을 피하기 위해 많은 시간을 씁니다. 연단받는 것이 즐거운 사람은 아무도 없습니다. 그러나 하나님께서 우리를 성장시키시기 위해 고통의 한가운데로 우리를 내몰 때가 있다는 사실을 깨달아야 합니다. 주 예수님은 제자들을 위해서 이 폭풍을 움직이셨습니다. 다윗은 고백하였습니다.

곤란 중에 나를 너그럽게 하셨사오니 내게 은혜를 베푸사 나의 기도를 들으소서. (시 4:1)

나 역시 인생의 가장 깊은 절망의 나락에 떨어졌을 때 가장 많이 자랐습니다. 어느 주일 오후, 우리 아기가 한순간 하늘나라로 가버리는 것을 아내 조이스와 함께 지켜보며, 우리 부부는 정말 많이 자랐습니다. 우리 딸의 가슴이 무너지고 깊은 시름 속에 있을 때에도 하나님은 나의 마음과 인생을 한층 더 넓게 만드셨습니다.

다시는 그런 일이 일어나지 않기를 바랐지만, 또 일어났고 그 시련들로 인해 나는 더 나은 사람이 되었습니다.

우리는 곤경 속에서 자랍니다. 믿음은 사진이 암실에서 인화되듯 어둠 속에서 가장 잘 자랍니다. 왜인지는 모르겠지만 사실입니다. 여러분과 나의 영적 성장을 위해 하나님이 갖고 계신 계획에는 폭풍과 시련도 들어 있습니다.

승자의 아침 식사

이스라엘 백성들이 가나안 입구에 들어서서 그 땅을 탐색하기 위해 열두 정탐꾼을 보낸 일을 생각해봅시다. 여호수아와 갈렙은 열두 명 가운데 유일하게 좋은 소식을 가져온 정탐꾼입니다. 나머지 열 명은 백성들의 마음에 두려움을 심어주었습니다(민 13:26~29, 31~33).

그들은 말했습니다.

"하긴, 젖과 꿀이 흐르고 온갖 좋은 것들이 넘치는 땅이긴 하더라. 멋진 산과 계곡이 있고, 여러 산에서 철을 캐낼 수도 있고. 하지만 그 땅에는 거인들이 살아. 거기 아낙의 자손들이 있는 걸 봤는데, 정말 너무 커서 우리가 꼭 메뚜기처럼 느껴지더라니까. 그런데 어떻게 그 땅을 차지해?"

이러할 때 갈렙이 목소리를 높여 말합니다.

우리가 곧 올라가서 그 땅을 취하자. 능히 이기리라. (민 13:30)

그러나 다른 사람들의 목소리가 그의 목소리를 삼켰고, 백성들은 더 움츠러들었습니다. 여기서 그치지 않고, 그들은 이집트에서 자기들을 인도해 온 모세를 원망했습니다(민 14:3).

다만 여호와를 거역하지는 말라. 또 그 땅 백성을 두려워하지 말라. 그들은 우리의 먹이라. (민 14:9)

나는 이 말이 참 좋습니다. 갈렙은 이렇게 말하고 있는 것입니다.

"이 어려움들은 우리를 자라게 하기 위해 있는 것이다. 이 사람들은 우리 먹이다. 우리는 그 땅을 차지할 수 있다. 이 아낙인들은 '승자의 아침 식사'에 불과하다."

사랑하는 여러분, 우리는 하나님이 우리 앞에 차려주시는 밥을 먹지 않고는 결코 자랄 수 없습니다. 가끔은 환란이 밥상에 오를 때가 있습니다. 영적으로 자라기 위해서는 어려움이 있을 수밖에 없습니다. 어려움을 이겨낼 힘을 기르고 그리스도 안에서 자라는 것이 우리를 향한 하나님의 계획이기 때문입니다.

그의 기도로 은혜 입고

우리는 하나님의 섭리에 의해 다스림을 받고, 그분의 계획에 따라 폭풍 가운데서 자랄 뿐 아니라, 그분의 기도로 인해 은혜를 입습니다.

예수님은 제자들을 바다로 보내놓고 홀로 산으로 올라가셨습니다(요 6:15). 예수님이 산 위에서 무엇을 하셨는지 아십니까? 기도하셨습니다(마 14:23).

완벽한 시각

산꼭대기에서는 모든 것이 한눈에 보입니다. 예수님은 구름이 뭉게뭉게 피어오르는 것을 보셨습니다. 바다에 파도가 일기 시작한 것도 보셨습니다. 제자들이 필사적으로 노를 젓고 있는 것도 보셨습니다. 예수님은 전부 다 보셨습니다(막 6:48).

예수님은 전부 다 보셨고 기도하셨습니다. 제자들은 예수님이 자신들을 보고 계셨다는 것을 몰랐지만 예수님은 보셨습니다. 제자들은 예수님을 볼 수 없었지만, 예수님은 보셨습니다. 예수님은 제자들에게서 눈을 떼시지 않았습니다. 그리고 산 위에서, 예수님은 그들을 위해 중보하셨습니다. 그들은 예수님의 기도에 은혜 입었습니다.

우리를 보시는 예수님

폭풍 한가운데 있습니까? 그렇다면 '미약한 참새 한 마리에게조차 눈을 떼지 않고 보시는 예수님, 그분이 나를 지켜보신다.'고 고백하십시오. 예수님은 우리를 지켜보시며, 우리를 위해 기도하고 계십니다. 성경은 말합니다.

> 자기를 힘입어 하나님께 나아가는 자들을 온전히 구원하실 수 있으니, 이는 그가 항상 살아계셔서 그들을 위하여 간구하심이라. (히 7:25)

우리는 다른 사람들에게 기도해달라고 부탁합니다. 다른 사람들도 우리에게 기도를 부탁합니다. 하지만 우리는 유한한 존재이며 잘 잊어버립니다. 또 모든 사람들을 위해, 모든 것을 위해 기도할 수 없습니다.

나는 많은 사람들을 위해 기도하고 있습니다. 또 누군가가 날 위해 매일 기도하고 있다고 말하면 감동에 겨워 눈물이 납니다. 지구상에 누군가가 당신을 위해 기도하고 있다면, 당신은 축복받은 사람입니다.

그러나 생각해보십시오. 우리는 예수님의 기도 제목에 올라 있습니다. 예수님은 우리를 아십니다. 우리의 머리털이 몇 개인지조차 다 아신다고 하셨습니다. 우리는 우연히 만들어진 존재가 아닙니다. 하나님은 우리 모두를 사랑하실 뿐 아니라, 우리 각 사람을 사랑하십니다. 예수님은 제자들이 폭풍 속으로 들어갈 때 그들을 위해 바로 거기서 기도하고 계셨습니다. 그들은 예수님을 볼 수 없었지만, 예수님은 제자들을 볼 수 있었습니다.

예수님의 임재로 인해 기뻐하기

이 기적에서 발견할 수 있는 네 번째 '영혼의 닻' 입니다.

제자들이 노를 저어 십여 리쯤 가다가 예수께서 바다 위로 걸어 배에 가까이 오심을 보고 두려워하거늘, 이르시되 내니 두려워하지 말라 하신대. (요 6:19~20)

밤중에서도 가장 어두운 때였다는 것을 기억하십시오. 이들은 두려워하고 있었지만 예수님은 가장 어두운 때 그들에게 오셨습니다.

기적을 잊어버리기

예수님은 왜 더 빨리 오시지 않았을까요? 왜 이렇게 잔인하셨을까요? 제자들이 고통받기를 바라셨을까요? 아픈 허리를 부여잡고, 물속의 무덤 입구를 들여다보며 "예수님은 어디 계신 거야? 왜 도와주러 오시지 않는 거야?" 이렇게 불평했을 제자들의 모습이 그려집니다.

그러나 예수님은 내내 그들을 지켜보고, 그들을 위해 기도하고 계셨습니다. 예수님은 그들을 잊지 않았습니다. 제자들이 예수님을 잊은 것이 문제였습니다. 다시 말해, 제자들은 예수님이 오천 명을 먹이신 기적의 진정한 의미를 벌써 잊어버린 것이었습니다. 마가복음을 봅시다.

배에 올라 그들에게 가시니 바람이 그치는지라. 제자들이 마음에 심히 놀라니 이는 그들이 그 떡 떼시던 일을 깨닫지 못하고 도리어 그 마음이 둔하여졌음이러라. (막 6:51~52)

기적이 일어났다는 사실을 잊었다는 것이 아니라, 기적이 의미하는 바가 무엇인지를 잊었다고 말하는 것입니다.

기적적으로 사람들을 먹인 뒤, 제자들이 열두 바구니 가득 남은 음식을 모았다는 것을 기억하실 것입니다. 내 생각에는 제자들이 이 바구니들을 배에 싣고 탔을 것 같습니다. 아마도 각 사람이 떡과 물고기가 가득 든 바구니를 다리 사이에 끼고 배에 타고 있었을 것입니다. 그러나 성경은 이 오병이어의 기적을 그들이 잊었다고 말합니다. 가난한 소년의 도시락으로 수많은 사람들을 먹이셨던 주님이 자신들이 타고 있는 배가 가라앉지 않게 할 수 있다는 것을 잊었다는 것입니다.

그래서 여러분과 나는 기적보다 더 큰, 붙들고 살 무엇인가가 필요합니다. 바로 예수님입니다. 우리가 얼마나 쉽사리 기적을 잊어버리는지요. 우리는 경기에 이기면 선수를 떠받들다가 다음날 경기를 망치면 야유를 보내는 팬들과도 같습니다. 기적에 의존하는 믿음은 결코 오래가지 않습니다. 항상 또 다른 기적을 원할 뿐입니다.

제자들도 아마 최소한 속으로는 이렇게 말했을 것입니다. '다른 기적을 주십시오.' 그러나 그들이 필요한 것은 또 다른 기적이 아니었습니다. 그들은 기적을 일으키는 분 주 예수 그리스도가 필요했던 것입니다.

예수님은 제자들에게 가서 폭풍을 잠잠케 하기 전에 잠시 기다리셨습니다. 우리가 볼 때 꽤 오랫동안 기다리셨던 것처럼 보이지만, 그분은 정확한 때에 나타나셨습니다. 여기서 자연스럽게 떠오르는 질문이 있습니다. 왜 예수님이 좀 더 일찍 오시지 않으셨을까요? 예수님은 왜 지체하셨을까요?

예수님의 지체하심이 은혜입니다

답은 이사야에 나와 있습니다.

그러나 여호와께서 기다리시나니 이는 너희에게 은혜를 베풀려 하심이요. (사 30:18)

많은 경우 주님은 고의적으로 늦게 응답하시는데, 그것은 우리에게 은혜를 베푸시기 위해서입니다.

예수님이 사랑하시던 친구 나사로가 아팠을 때, 나사로의 여동생들은 예수님을 모시러 사람을 보냈습니다. 예수님께서 동생들의 부탁에 즉각 달려오시지 않고 오히려 나사로가 죽기까지 일부러 기다리셨다고 합니다(요 11:1~11).

요한복음 11장의 기적은 9장에서 다루겠지만, 미리 말씀드리고 싶은 부분이 있습니다. 예수님이 제자들에게 나사로가 죽었으며, 그곳에 있지 않아서 기쁘다고 말씀하신 부분입니다(요 11:14~15).

왜 예수님이 그렇게 말씀하셨을까요? 아픈 나사로를 고치는 것보다 더 큰 계획이 있으셨기 때문입니다. 주님이 좀 더 일찍 가서 나사로의 열이 나는 이마 위에 손을 얹고 나사로가 그 즉시 나았다고 가정해봅시다. 나사로는 예수님이 고치셨던 많고 많은 사람들 중 단지 한 사람이 되고 말았을 것입니다. 이렇게 말하는 사람도 있을 수 있습니다.

"나사로는 기적이 아니더라도 회복됐을지 몰라. 사람들은 아프다가도 나으니까. 어떻게 나사로가 나은 게 기적이라는 것을 알 수 있어?"

요한복음 11장의 배경을 알 필요가 있습니다. 예수님이 왕으로 영접받기 위해 예루살렘으로 가시던 게 아니라 죽으러 가시는 길이었다는 것입니다(요 11:16).

따라서 그저 낫기만 했다면 사람들이 기적인지 아닌지 의문을 제기할 수 있었을 것입니다. 그러나 죽었던 사람이 살아났다면, 아무도 기적이라는 것을 부인할 수 없었을 것입니다. 예수님은 더 큰 계획을 품고 계셨고, 그것은 하나님께 더 큰 영광을 돌리는 것이었습니다.

하나님은 주 예수님을 이 세상에 보내시겠다는 약속을 지키시기 위해 사천 년을 기다리셨습니다. 성경은 말합니다.

때가 차매 하나님이 그 아들을 보내사 (갈 4:4)

하나님은 절대 늦지도, 앞서지도, 서두르지도 않으십니다.

하나님은 언제나 우리가 그분의 임재함으로 인해 기뻐할 수 있는 가장 정확한 때에 오십니다.

> 이 묵시는 정한 때가 있나니 그 종말이 속히 이르겠고 결코 거짓되지 아니하리라. 비록 더딜지라도 기다리라. 지체되지 않고 반드시 응하리라. (합 2:3)

그리스도의 임재로 인해 기뻐하게 될 것입니다. 가장 적절한 바로 그때에 우리에게 오실 것이기 때문입니다.

예수님의 능력이 인도합니다

이것이 이 기적에서 배울 수 있는 다섯 번째 진리입니다. 예수님은 제자들에게 말했습니다.

"내니 두려워하지 말라. (요 6:20)

누군가가 말했습니다.

"하나님은 그분의 은혜가 지켜질 수 없는 곳으로는 결코 우리를 데려가지 않으실 것이다."

이 말은 영원한 진리의 말씀입니다.

예수님은 제자들을 먼저 보내시면서 갈릴리 바다 건너편으로 가 있으라고 말씀하셨습니다(마 14:22). 바다 가운데나 그 밑으로 가라고 말씀하시지 않았습니다. 제자들은 알지 못했지만, 그들은 폭풍 안에서도 마른 땅에 있을 때만큼이나 안전했습니다. 예수님은 그들이 갈 수 없는 곳으로 가라고 하실 분이 아니기 때문입니다. 뿐만 아니라, 그분이 친히 그들을 인도하시고 있기 때문입니다.

육신을 입으신 예수님을 한 번 볼 수 있다면, 나는 물 위를 걸어서 제자들에게 걸어가셨던 그 순간의 예수님을 보고 싶습니다. 바다 위로 발을 내디디실 때 머리카락은 바람결에 휘날렸을 것입니다. 폭풍을 바라보시며 미소 지으실 때 옷자락은 뒤로 펄럭이며 넘실거렸을 것입니다. 그 근사한 왕의 모습이 보고 싶습니다.

그런데 예수님이 다가오시자 제자들은 공포에 질려 움츠러들었습니다(마 14:26). 유령을 보고 있다고 생각했기 때문입니다. 그러나 "내니 두려워하지 말라."는 예수님의 말씀을 듣자 이내 그들의 공포는 기쁨으로 변했습니다. 여기 너무 신나는 사실이 있습니다. 예수님이 "내니 두려워하지 말라."라고 말하신 부분입니다. 여기서 '나'는 본질적으로 '스스로 있는 자'를 뜻합니다. 지금 예수님은 유대인에게 가장 신성한 이름인 여호와의 이름을 쓰시고 있는 것입니다.

위대한 이름, '스스로 있는 자'

불타는 떨기나무 앞에서 모세는 하나님께 이스라엘 백성들에게 이름을 어찌 알려야 할지 물었습니다. 하나님은 말했습니다.

나는 스스로 있는 자이니라. 또 이르시되 너는 이스라엘 자손에게 이같이 이르기를 스스로 있는 자가 나를 너희에게 보내셨다 하라. (출 3:14)

'스스로 있는 자'는 하나님의 신성한 이름인 여호와를 뜻합니다. 어제의 하나님도 '스스로 있는 자'입니다. 오늘의 하나님도 '스스로 있는 자'입니다. 내일의 하나님도 '스스로 있는 자'입니다. 즉, 하나님은 시간과 공간, 물질을 초월하여 영원히 스스로 임재하시는 분인 것입니다. 지금 예수님께서 제자들에게 말씀하시고 있습니다.

"영원불멸의 하나님, 나 '스스로 있는 자'가 너희에게 왔으니 이제 두려워하지 말라."

'스스로 있는 자'는 권능과 임재와 풍성함의 선포입니다. 예수님은 우리의 폭풍 가운데 계신 바로 그 '스스로 있는 자'입니다.

그의 발 아래

왜 예수님은 물 위를 걸어 제자들에게 가셨을까요? 그저 극적인 연출을 하기 위해서였을까요? 그것은 이 기적이 전하고자 하는 메시지의 일부로, 특히 우리의 친구 환난이 우리의 이름을 부르며 다가올 때 기억해야 할 메시지입니다.

그날 제자들의 가장 큰 문제는 무엇이었습니까? 폭풍이 이는 바닷물이었습니다. 그들의 가장 큰 두려움은 무엇이었습니까? 바닷물에 빠져 파도가 머리를 덮어버리는 것이었습니다. 예수님은 그 일렁이는 바다 위를 걸으면서 제자들의 머리를 넘어설 것 같은 물이 이미 그의 발 아래 있음을 보여주셨습니다.

마찬가지로 우리의 한계를 넘어서는 것은 무엇이든 다 예수님의 발 아래에 있습니다. 잊지 마십시오. 예수님은 말씀하셨습니다.

세상에서는 너희가 환난을 당하나 담대하라. 내가 세상을 이기었노라. (요 16:33)

예수님은 이미 하늘 보좌에 앉아 계십니다. 교회의 머리가 되십니다. 머리가 수면보다 위에 있는데, 어떻게 물에 빠져 죽을 수 있겠습니까?

주 예수 그리스도 안에서는 다 이겨낼 수 있습니다. 문제가 있을 수도 있고, 골칫거리와 두려움, 눈물도 있을 수 있습니다. 그러나 그의 권능이 우리를 인도합니다. 그분은 언제나 우리와 함께하시는 전능하신 하나님 '스스로 있는 자' 입니다.

"나는 생명의 떡이다. 나는 생명수이다. 나는 천국으로 들어가는 문이다. 내가 길이요, 진리요, 생명이다."

예수님은 우리의 폭풍 가운데 우리와 함께 계시는 위대한 '스스로 있는 자' 입니다.

그의 목적이 우리를 인도합니다

이제 우리의 영혼을 위한 마지막 여섯 번째 닻입니다. 하나님이 우리에게 약속하신 것은 순항이 아니라 안전한 상륙입니다. 우리의 배가 물로 가득 찰 때조차 그의 목적이 우리를 인도합니다.

다시 상기시켜 드리겠습니다. 예수님이 목적하셨던 바는 제자들이 갈릴리 바다 맞은편에 잘 도착하는 것이었습니다. 예수님이 물 위를 걸어 제자들에게 가셨을 때만 해도 제자들은 그 목적을 달성할 수 있을지에 대해 확신이 전혀 없었습니다. 그러니 예수님을 "기뻐서 배로 영접"한 것은 너무나 당연한 일이었습니다(요 6:21).

하나님의 목적 달성하기

요한복음 6장 21절 뒷부분을 계속 읽다보면 놀라운 사실을 알게 될 것입니다.

"그 즉시 배가 곧 저희의 가려던 땅에 이르렀더라."

지금 여기서 일어나고 있는 기적은 사실 세 가지입니다. 예수님은 폭풍을 잠잠하게만 하신 게 아니라, 물 위를 걸으시며 자연의 법칙에 영향을 받지 않으셨고, 시간과 공간의 법칙마저 뛰어넘으신 것입니다. 눈 깜짝할 새 그들은 바닷가 맞은편에 도착했습니다.

제자들은 힘들게 노를 젓느라 허리가 끊어질 듯 아팠고, 찡그린 이마는 땀과 바닷물로 범벅이 되어 있었습니다. 그런데 예수님이 배에 오르시자마자 목적지에 당도한 것입니다. 하나님의 목적이 이루어졌던 것입니다.

이런 말이 있습니다.

"하나님께 삶을 온전히 내어드린 사람의 인생은 하나님께서 전적으로 책임지신다."

우리의 친구 환란이 얼마나 자주 우리를 찾아오건, 우리가 예수님을 닮아가고 있음을 하나님의 말씀의 권세로 약속드립니다 (롬 8:29).

하나님은 그분의 목적을 향해 우리를 인도하십니다. 어느 날인가 우리를 위한 그분의 목적은 이루어질 것입니다. 성경에서 이렇게 말하고 있기 때문입니다.

너희 안에서 착한 일을 시작하신 이가 그리스도 예수의 날까지 이루실 줄을 우리는 확신하노라. (빌1:6)

하나님은 우리를 향한 그분의 목적을 이루기 위해 끝까지 우리와 함께하실 것입니다. 이것은 약속입니다. 제가 드리는 약속이 아니고, 하나님이 하신 약속입니다.

그가 친히 말씀하시기를 내가 과연 너희를 버리지 아니하고 너희를 떠나지 아니하리라. (히 13:5)

하나님의 영원한 목적

이 기적의 메시지는 하나님께서 우리가 감당해야 하는 것들을 도와주시며 반드시 목적하신 바를 이루신다는 것입니다. 우리의 머리를 넘어서는 것은 모두 다 그의 발 아래 있기에 그 어떤 것도 주님께는 어렵지 않습니다. 그 어떤 것도 우리를 향한 그분의 목적을 막을 수 없습니다. 기적은 그칠지 몰라도, 기적을 넘어 예수님께 간다면 우리는 영원히 축복받을 것입니다.

오래지 않아 곧 예수님은 산에서 내려오실 것입니다. 갈릴리 바다를 지나 오시는 것이 아니라, 영광의 하늘 보좌에서 직접 오실 것입니다. 그분이 구름을 타고 우리에게 오신다 하셨기 때문입니다.

기준이 무너지고 있는 이 세상에 바람이 일고, 폭풍이 다가옵니다. 사람들은 묻습니다.

"이 세상이 어디로 가고 있는 거야?"

이 세상은 예수님께로 가고 있습니다. 예수님께서 이 세상으로 오고 계시기 때문입니다. 위대한 '스스로 있는 자'로서 얼굴에 승리의 미소를 띠고 하늘에서 내려오실 것입니다. 그리고 승리의 나팔이 울릴 것입니다. 그러면 우리의 작은 배는 시간의 바다를 떠나, 그 즉시 영원이라는 바다에 도착하게 될 것입니다.

기적이 일어나려면

우리가 필요한 것을 하나님이 채워주시는 그곳에서 기적이 일어납니다.

우리가 필요한 것 — 절망 대신 평안

우리가 필요한 것을 채워주심

하나님은 이미 그분의 섭리를 주셔서 그 뜻대로 우리를 다스리십니다.
- 우리가 폭풍 속으로 항해할 때에도 우리는 하나님의 뜻 가운데에 있습니다. 그 항해는 예수님이 명령하신 것이기 때문입니다.

하나님은 우리를 성장시킬 그분의 계획을 주셨습니다.
- 환란을 통해 우리를 성장시킬 계획일지도 모릅니다. "승자의 아침 식사"를 기억합시다.

하나님은 우리에게 은혜를 끼치시기 위해 그분의 기도를 주셨습니다.
- 그분은 우리의 상황을 가장 완벽하게 바라보십니다.
- 우리를 항상 지켜보십니다.

하나님은 우리를 기쁘게 하기 위해 그분의 임재를 주셨습니다.
- 폭풍 가운데서도 우리와 함께 계심을 잊지 마십시오.
- 지체하시는 듯 보이는 것조차 은혜입니다.

하나님은 우리를 지키시기 위해 그분의 권능을 주셨습니다.
- 그분은 전능의 하나님, '스스로 있는 자'이십니다.
- 우리 머리를 넘어서는 것도 그분의 발 아래 있습니다.

하나님은 우리를 인도하기 위해 그분의 목적을 주셨습니다.
- 우리의 목표는 그 목적을 이루는 것입니다.
- 우리를 향한 하나님의 목적은 당장 오늘만을 위한 것이 아니라 영원을 위한 것입니다.

예수님 안에서 필요한 것을 채우는 법
하나님이 채워주심을 경험하기 위해서는 예수님을 구해야 합니다.
- 폭풍 가운데서 공포에 질리게 하는 유혹에 맞서기: 하나님의 뜻 가운데서 그곳으로 인도되었음을 기억하십시오. 천국에는 당황스러운 일이란 없습니다. 계획된 일만이 있을 뿐입니다.
- 폭풍을 보내주심에 감사하기: 우리를 물에 빠뜨리기 위해서가 아니라, 믿음 가운데서 자라게 하기 위해 폭풍을 보내셨음을 기억합시다.
- 우리를 항상 지켜보시는 하나님과 환란의 때에 우리를 위해 기도하시는 예수님을 찬양하기
- 폭풍 가운데서도 기뻐하도록 예수님이 함께하심에 의지하기: 그분이 더디 오시는 듯하다고 초조해하지 마십시오. 그분이 오시면 전능하신 '스스로 있는 자'의 권능이 여러분과 함께함을 경험하게 될 것입니다. 폭풍 가운데 당신을 두신 하나님의 목적이 무엇인지 보여달라고 기도하십시오. 그리고 그 목적을 이루기 위해 결심하십시오.

제 8 장

눈먼 자의 눈을 여시다

예수님은 우리의 어두움을 몰아내는
하나님의 빛이십니다

복음에는 하나님의 의가 나타나서 믿음으로 믿음에 이르게 하나니, 기록된 바 오직 의인은 믿음으로 말미암아 살리라. (롬 1:17)

수세기 동안 비할 바 없이

정교하고 아름다운 도자기로 유명했던 마을이 있었습니다. 그 중에서도 한 항아리가 제일 눈에 띄었습니다. 목이 길고 배가 넓은 특징을 지닌 이 항아리는, 튼튼한 형태와 섬세한 아름다움으로 세계적으로 큰 사랑을 받았습니다. 특히 이 항아리를 전설의 항아리로 만든 것은 마지막 과정이었습니다. 도예가는 갓 만든 항아리를 깨뜨려 금 선조 세공으로 장식하여 다시 원래 모양으로 조합했습니다. 이로써 평범한 항아리는 값을 매길 수 없는 걸작이 되었습니다. 끝난 것처럼 보이는 것이 사실은 끝이 아니었던 것입니다. 깨어지기 전까지는……

우리는 이제 함께 요한복음 9장의 기적을 보겠습니다. 지금 막 읽은 항아리 이야기가 자연스럽게 떠오를 것입니다. 눈이 멀어 인생이 깨어졌지만 하나님의 은혜라는 금세공으로 인생이 변화된 남자가 나오기 때문입니다. 예수님이 우리의 어두움에 대한 하나님의 응답이라는 것을 가리키는 이 기적은, 예수님과 제자들이 맹인이었던 한 남자를 만나는 것으로부터 시작합니다.

> 예수께서 길을 가실 때에 날 때부터 맹인 된 사람을 보신지라. 제자들이 물어 이르되 랍비여 이 사람이 맹인으로 난 것이 누구의 죄로 인함이니이까? 자기이니까 그의 부모이니까? 예수께서 대답하시되 이 사람이나 그 부모의 죄로 인한 것이 아니라 그에게서 하나님이 하시는 일을 나타내고자 하심이라. (요 9:1~3)

영적으로 눈이 멀면 우리는 거지가 됩니다

요한은 이 남자가 육체적으로 눈이 먼 문제를 안고 있다고 말하지만, 이 남자는 주 예수 그리스도가 없는 사람으로 상징되기도 합니다. 요한은 이렇게 말합니다.

> 그 안에 생명이 있었으니 이 생명은 사람들의 빛이라. (요 1:4)

> 사람들이 자기 행위가 악하므로 빛보다 어두움을 더 사랑한 것이니라 악을 행하는 자마다 빛을 미워하여. (요 3:19~20)

우리는 보지 못합니다

아담이 죄를 지었을 때 무슨 일이 일어났습니까? 순식간에 그의 영은 하나님과 멀어졌습니다. 하나님이 처음 지으셨을 때 아담은 완벽했습니다. 하나님이 거하실 수 있는 성전이었습니다. 하나님은 아담에게 죄를 짓는 날에는 반드시 죽을 것이라고 말씀하셨습니다(창 2:17).

아담이 하나님께 죄를 지었을 때, 그는 육체적으로 죽지 않았습니다.

그 후로도 몇백 년 더 살았습니다. 그러나 아담은 그날 영적으로 죽었습니다. 영적인 생명이 떠나버린 것입니다. 요한복음 1장 4절에서 하나님의 '생명'은 '사람들의 빛'이라고 했습니다.

따라서 주님이 아담에게서 나가셨을 때, 그 생명도 나간 것입니다. 그리고 생명이 떠났을 때, 그 빛도 떠났습니다.

우리는 맹인으로 태어났습니다

그날 이후로 모든 사람은 아담의 자녀로서 아담의 속성을 지니고 태어났습니다. 즉, 하나님도, 하나님의 생명도, 빛도 없는 인간으로 태어났습니다.

빛이 없으면 볼 수가 없습니다. 따라서 요한복음 9장의 날 때부터 눈이 멀었던 이 남자는, 주 예수 그리스도가 없는 세상 모든 사람을 상징합니다.

주님이 아담을 떠나가셨을 때, 인류는 주님 없는 인생을 살게 되었습니다. 생명이 나갔으므로 인류는 죽었고, 빛이 나갔으므로 인류는 어둠 가운데 처하게 되었습니다. 주님이 없으면 사람은 생명도 빛도 없는 인생을 살고 맙니다.

지독한 범죄자만 잃어버린 영혼이 아닙니다. 하나님 없는 사람은 누구나 다 잃어버린 영혼입니다. 우리는 모두 아담의 후손이며 "아담 안에서 모두 죽었습니다."(고전 15:22)

예수님은 모든 사람에게 말씀하십니다. "너는 눈이 멀어 진리를 볼 수 없다." 그리고 요한복음 3장 3절에서 니고데모에게 "사람이 거듭나지 아니하면 하나님 나라를 볼 수 없느니라."라고 말씀하셨습니다. 잃어버린 영혼은 시력이 2.0일지라도 영적인 것들을 볼 수 없습니다.

에베소서 4장 18절에서 그리스도를 알지 못하는 사람들은 총명이 흐려지고 저희 가운데 있는 무지함과 저희 마음이 굳어짐으로 말미암아 하나님의 생명에서 떠나 있다고 말합니다.

눈이 먼 것에는 두 종류가 있습니다. 육의 눈이 보이지 않는 것과 영의 눈이 보이지 않는 것입니다. 이 남자는 육의 눈과 영의 눈이 모두 보이지 않았기에 예수님이 양쪽 고통을 다 치유해주셔야 했습니다.

이 남자는 지금 당장 눈이 보이지 않은 것이 아니라, 태어날 때부터 눈이 보이지 않았습니다. 이 사실을 안 제자들은 요한복음 9장 2절에서 바보 같은 질문을 합니다. 누군가가 잘못해서 이 남자의 눈이 멀었다고 생각했기 때문입니다. 날 때부터 눈이 보이지 않았으니 그의 부모도 의심스러웠던 것입니다.

물론, 부모의 죄 때문에 자녀들이 고통당할 수 있습니다. 부모의 성병 때문에 시력을 상실한 아기가 태어나기도 하고, 마약 중독자인 부모 때문에 아기가 약에 중독된 채 태어나기도 합니다.

그러나 이 남자의 눈이 먼 것이 죄의 결과라 하더라도, 제자들의 질문은 여전히 어리석었습니다. 어떻게 아기가 태어나기도 전에 죄를 지어 그 결과 눈이 멀어서 태어날 수가 있겠습니까? 제자들이 하는 말은 마치 아기가 엄마의 뱃속에서도 죄를 지을 수 있는 것처럼 들립니다.

예수님은 양쪽 다 틀렸다고 말씀하시며 이 어리석은 발상을 물리치셨습니다. 제자들의 질문은 어리석었을 뿐만 아니라, 요지를 벗어나기까지 했습니다. 문제는 이 남자가 어쩌다 눈이 멀었느냐가 아니라, 이 남자에게 예수님이 필요하다는 것이었기 때문입니다.

예수님은 이 남자가 눈이 먼 것이 하나님께서 그의 인생을 통해 영광 받으시기 위해서라고 말씀하셨습니다. 제자들이 과거를 캐고 과거에 집중하려고 할 때, 예수님은 이 남자의 삶을 통해 나타나게 될 하나님의 영광을 드러내 보이셨습니다.

그래서 여기 인류의 영적인 상태를 대변하는 한 남자가 있는 것입니다. 그는 날 때부터 눈이 보이지 않았습니다.

우리는 모두 영적 맹인으로 태어났습니다. 다윗은 말합니다.

내가 죄악 중에 출생하였음이여 어머니가 죄 중에서 나를 잉태하였나이다. (시 51:5)

다윗은 죄가 가득한 본성 가운데 잉태되었으며 죄인으로 태어났음을 고백하고 있는 것입니다.

이 세상에 있는 가장 소중하고 사랑스러운 아이조차 죄악의 본성을 가지고 있으며 구원받아야 합니다. 에베소서 2장 3절에서 바울은 믿는 자들도 구원받기 전에는 "다른 이들과 같이 본질상 진노의 자녀였다."고 말합니다.

우리는 거지입니다

요한복음 9장의 이 남자는 눈이 멀었을 뿐 아니라, 그로 인해 구걸하는 신세였습니다.

이웃 사람들과 전에 그가 걸인인 것을 보았던 사람들이 이르되 이는

앉아서 구걸하던 자가 아니냐? (요 9:8)

하나님은 우리가 그가 만든 이 세계를 다스리는 왕이 되게끔 계획하시고 우리를 만드셨습니다. 하나님이 아담과 하와를 만드시고는 에덴동산에 두시면서 땅을 '정복'하고 이 세상의 모든 것을 '다스리라'고 말씀하셨습니다(창 1:28).

아담과 하와는 온 땅의 왕과 여왕으로 군림하게끔 되어 있었습니다. 그러나 인류는 영적으로 고귀하게 지어졌음에도 불구하고 죄 때문에 눈먼 거지 신세로 전락하고 말았습니다.

혹자는 이렇게 말합니다.

"나는 거지가 아니야. 돈이 썩어 들어갈 만큼 많다고. 내가 영적으로는 눈이 멀게 태어났을지 몰라도 분명 거지는 아니야.

그러나 이런 사람은 성경에서 말하고 있는 가난의 종류를 이해하지 못하고 있는 것입니다.

부활하신 예수님이 부유한 라오디게아의 교회를 두고 말씀하신 것을 기억하십시오.

네가 말하기를 나는 부자라 부요하여 부족한 것이 없다 하나 네 곤고한 것과 가련한 것과 가난한 것과 눈먼 것과 벌거벗은 것을 알지 못하는도다. (계 3:17)

주 예수 그리스도 없는 인류의 모습이 얼마나 적나라한지요.

눈먼 자에게는 빛만 필요한 것이 아닙니다

이제 두 번째 진리입니다. 눈먼 자가 보기 위해서는 빛만 있어서는 안 된다는 것입니다. 이 맹인은 "세상의 빛"이신 예수님 바로 앞에 있었습니다(요 9:5). 그러나 그는 여전히 볼 수 없었습니다.

눈먼 자에게는 볼 힘이 필요합니다

눈먼 자는 빛이 있어도 볼 수 없기 때문에 빛의 존재를 부정하는 우를 범할 수 있습니다.

요한복음 9장은 눈먼 이들이 볼 빛뿐 아니라, 그들이 볼 힘이 있어야 한다고 말합니다. 여기 놀라운 진리가 있습니다. 빛이 없다면 아무것도 볼 수 없지만, 볼 힘이 없다면 빛이 있어도 그 빛을 볼 수 없다는 것입니다.

뉴멕시코에 있는 칼스배드 동굴 깊이 들어간 적이 있었습니다. 그때 불이 완전히 꺼졌는데, 너무 캄캄하니까 눈을 깜박여도 내가 대체 눈을 뜨고 있는 건지 감고 있는 건지 구분을 할 수 없었습니다. 완벽한 시력이 있다 해도 빛이 없다면 아무것도 볼 수 없습니다. 세상의 빛이신 예수님 없이는 아무도 구원받을 수 없습니다.

그러나 반대로 볼 힘과 상관없이 빛이 존재할 수 있습니다. 눈먼 사람이 정오의 뜨거운 태양 아래 서 있어도 여전히 빛의 존재를 부인할 수 있습니다. 예수님이 함께 계셔도 사람들은 그분의 빛을 부정할 수 있습니다.

아직 예수님을 믿지 않는 사람들에게 다가갈 때, 이 사실을 이해하는 것은 특히 더 중요합니다. 사람들에게 복음의 빛을 비춰주는 것만으론 충분하지 않습니다. 성령의 하나님이 그들의 먼 눈을 열어주시기 전에는 그들이 볼 수 없기 때문입니다. 바울은 이렇게 말했습니다.

만일 우리의 복음이 가리었으면 망하는 자들에게 가리어진 것이라. 그 중에 이 세상의 신이 믿지 아니하는 자들의 마음을 혼미하게 하여 그리스도의 영광의 복음의 광채가 비치지 못하게 함이니 그리스도는 하나님의 형상이니라. (고후 4:3~4)

사단은 그리스도의 빛을 꺼뜨릴 수 없습니다. 그렇다면 사단은 어떻게 할까요? 믿지 않는 자들의 마음과 정신을 어둡게 합니다. 그래서 사람들이 구원받게 하기 위해서는 복음을 전하는 것 이상의 것이 필요합니다.

목회를 시작한 지 얼마 되지 않았을 때 사람들을 구원받게 하기 위해서는 불을 밝혀주는 것이라고 생각했습니다. 하지만 눈이 보이지 않는 사람들에게 아무리 밝은 빛을 비추어주어도 볼 수가 없습니다.

사람들이 구원받기 위해서는 빛 이상의 것이 필요합니다. 볼 힘이 있어야 합니다. 오직 하나님만이 영적으로 눈먼 자들을 볼 수 있게 하실 수 있습니다.

나는 진리를 가르칠 수 있으며 여러분도 진리에 대해 서로 이야기하며 나눌 수 있습니다. 하지만 오직 성령만이 그 진리를 직접 주실 수 있습니다.

주님을 증거하는 사람들은 반드시 성령의 기름 부음을 받아야 합니다. 하나님 없이 눈먼 자의 눈을 열어 예수 그리스도의 복음을 보게 만들 수 없기 때문입니다. 설득당하거나 교육받는다고 천국에 들어가는 것이 아님을 알아야 합니다.

내 말을 오해하지는 마십시오. 우리는 빛을 비추어야 합니다. 진리를 전하고 나누어야만 합니다. 하지만 누군가를 구원하는 데는 또 다른 차원의 것이 필요함을 기억해야 합니다. 이 기적의 의미는 예수님이 세상의 빛이라는 것과 더불어 오직 하나님만이 눈먼 자의 눈을 뜨게 하실 수 있다는 것을 말해줍니다.

따라서 우리는 기적 너머 예수님께로 가야 할 필요를 다시금 느끼게 됩니다.

어떤 총명한 고등학생이 우리 지역 신문에 기고를 했습니다. 그 학생은 기독교와 심지어 하나님을 믿는 믿음까지 비웃고는 이렇게 글을 맺었습니다.

"세상에는 신도, 지옥도 존재하지 않는다. 사람들이 이 존재하지도 않는 신이 존재하지도 않는 지옥으로부터 자신들을 구원해줄 것이라는 믿음을 버리면 이 세상은 다시금 양이 아니라 사람들로 북적이게 될 것이다."

나중에 이 청년은 논쟁을 빌미로 믿음을 더 비웃기 위해 우리 교회로 왔습니다. 그러나 하나님의 손이 그를 감동시켜 그리스도께로 나아오게 만드셨습니다. 그 후 어느 날, 그 청년과 대화를 나누었는데 놀라운 이야기를 해주었습니다.

"로저스 목사님, 제가 제 의지를 내려놓기 전에는 하나님이 존재하지 않는다고 너무나 확신했었습니다. 그런데 이제는 제가 뭐라고 주장

했는지조차 기억이 나지 않습니다."

이 젊은이의 눈을 연 것은 반론이 아니라 하나님 그분 자신이었습니다.

눈먼 자들에게는 예수님이 필요합니다

예수님이 이 맹인을 고치실 때 신기한 일을 하나 하셨습니다.

이 말씀을 하시고 땅에 침을 뱉어 진흙을 이겨 그의 눈에 바르시고 이르시되, 실로암 못에 가서 씻으라 하시니 (실로암은 번역하면 보냄을 받았다는 뜻이라) (요 9:6~7)

예수님은 왜 이렇게 하셨을까요? 진흙이 상징하는 바는 무엇일까요? 나는 이것이 물을 포도주로 바꾸셨던 기적에 나오는 돌항아리가 의미하는 것과 같다고 생각합니다(요 2:6).

하나님은 흙으로 사람을 만드셨습니다(창 2:7). 진흙은 인간을 말하며, 우리의 연약함과 실패, 영적 무력함을 말합니다. 예수님이 이 남자의 눈에 진흙을 바르셨을 때, 이 진흙은 빛을 더욱 가렸습니다.

이것은 이 사람의 문제가 무엇인지를 상징합니다. 즉, 그의 잃어버린 인간의 본성과 어두워진 영적 본성을 말하는 것입니다.

그런데 예수님은 이 진흙을 그의 눈에 그대로 붙여두지 않으셨습니다. '보냄을 받았다'는 뜻을 가진 못으로 가서 씻어내라고 말씀하셨습니다. 성령은 왜 이 내용을 본문에 포함시키셨을까요? 이 남자가 '보냄을 받았다'고 불리는 못에 가서 씻은 의미는 무엇일까요?

예수님은 말씀하셨습니다.

나는 세상의 빛이니 나를 따르는 자는 어둠에 다니지 아니하고 생명

의 빛을 얻으리라. (요 8:12)

그러나 유대인들은, 특히 서기관과 바리새인들은, 예수님이 자신에 대해 증거하시는 말씀을 받아들이려 하지 않았습니다. 그래서 예수님은 그들에게 이렇게 말씀하셨습니다.

너희는 아래에서 났고 나는 위에서 났으며 너희는 이 세상에 속하였고 나는 이 세상에 속하지 아니하였느니라. (요 8:23)

예수님은 자신이 하늘에서 왔으니, 본향이 천국이라고 말씀하시고 있는 것입니다. 하나님이 아버지이심을 밝히시고 있는 것입니다.

나를 보내신 이가 참되시매. (요 8:26)

나를 보내신 이가 나와 함께하시도다. (요 8:29)

즉, 예수님은 하늘에 계신 아버지로부터 '보냄을 받은 이' 인 것입니다. 자, 다시 요한복음 9장 4절로 돌아와서 예수님이 이 남자를 치유하시기 전에 하신 말씀을 봅시다.

"나를 보내신 이의 일을 우리가 하여야 하리라."

마지막으로, 예수님은 이 맹인을 보내어 '보냄을 받았다' 라는 못에서 씻게 하십니다.

어떻게 진행되는지 아시겠습니까? 예수님은 이 못이 그분 자신을 의미한다고 말씀하시고 있는 것입니다. 그분이 바로 하늘에서 '보냄받은 이' 이십니다. 예수님은 우리의 어두움에 대한 하늘의 응답이십니다.

우리의 죄된 인간성의 먼지와 때가 빛을 가리고 있습니다. 그러나 예수님은 죄의 때를 씻고 영적 시력을 회복시키시기 위해 위로부터 보냄받으셨습니다. 눈먼 자가 보기 위해서는 빛 이상의 것이 필요합니다.

그들은 볼 힘이 필요하며, 예수 그리스도만이 그들에게 시력을 주실 수 있습니다.

뜨인 눈도 보는 법을 배워야 합니다

이 기적으로부터 배워야 할 세 번째 진리는 영적 세계에 새로 눈을 뜨게 된 사람들은 보는 법을 배워야 한다는 것입니다. 요한복음 9장의 이 남자는 더 이상 맹인이 아닙니다. 예수님이 지금 그에게 볼 힘을 주셨습니다. 이제 그는 예수님이 누구인지 알아야 합니다.

빛에 적응하기

이 남자가 어떻게 영적으로 이해해 가는지 봅시다. 그가 치유받자 그를 알던 사람들은 이렇게 물었습니다.

네 눈이 어떻게 떠졌느냐? (요 9:10)

┌ 사람

그는 그들에게 이렇게 대답했습니다.

예수라 하는 그 사람이 진흙을 이겨 내 눈에 바르고 …… 보게 되었노라. (요 9:11)

이때는 그를 고친 자가 예수라는 이름을 가진 사람이었습니다. 이것이 그가 자기를 고쳐준 사람에 대해 아는 전부였습니다.

그리고 나서 사람들은 그를 바리새인들에게 데려갔습니다. 이 기적이 안식일날 일어났기 때문입니다. 이제 본격적으로 심문이 시작되었습니다. 바리새인들은 예수님을 미워했기에 그분의 명성에 손상을 입히고자 했습니다.

선지자

예수님을 '죄인'이라고 고발하는 사람들이 있었습니다(요 9:16). 그들이 이 남자의 생각을 묻자, 그는 '선지자니이다.'라고 대답했습니다(요 9:17). 고침받은 사람은 이 모든 것에 대해 진지하게 생각하기 시작했고, 예수님이 그에게 하셨던 일은 평범한 사람이라면 도저히 할 수 없다는 생각을 하기 시작했습니다. 그래서 선지자가 틀림없다고 대답했습니다.

이 대답은 바리새인들을 격분시켜 본격적으로 이 남자를 괴롭히기 시작합니다. 그들은 그가 예수님을 죄인이라고 비난하게 만들려고 애씁니다(요 9:24).

나는 그가 한 대답이 참 좋습니다.

그가 죄인인지 내가 알지 못하나 한 가지 아는 것은 내가 맹인으로 있다가 지금 보는 그것이니이다. (요 9:25)

하나님이 보내신 자

바리새인들은 욕하며 분통을 터뜨렸습니다(요 9:28). 그런데 이 남자는 바리새인들에게 깜짝 놀랄 만한 신학 설교를 하기에 이릅니다(요

9:30~33). 예수님을 '경건하여 그의 뜻대로 행하는 자'라고 부릅니다(요 9:31). 그리고 이렇게 고백합니다.

이 사람이 하나님께로부터 오지 아니하였으면 아무 일도 할 수 없으리이다. (요 9:33)

이 남자의 영적 눈이 차츰 예수 그리스도의 '빛'에 적응해 가고 있는 것입니다. 처음에는 예수님이 사람으로 보였습니다. 그 다음은 선지자, 그리고 이제는 하나님이 보내신 자로 보고 있는 것입니다. 그는 비로소 이 기적의 메시지를 이해하게 된 것입니다. 예수님이 눈먼 자들의 눈을 열기 위해 하나님이 보내신 분이며, 그 일이 바로 자신에게 일어난 일이었음을 이제 깨닫기 시작한 것입니다.

믿게 되기

예수님에 대해 증거한 대가로 이 남자는 쫓겨났습니다(요 9:34). 즉, 회당에서 더 이상 예배드릴 수 없게 바리새인들이 이 남자를 파문시킨 것입니다. 예수님은 세상의 빛이었지만 바리새인들은 빛을 가리는 안개였습니다. 이처럼 예수님 없는 종교는 영적 전염병입니다.

바리새인들은 이 남자를 내쳤지만, 예수님은 그를 찾아내셨습니다. 비록 이 남자의 눈은 뜨여졌지만, 아직 구원받은 것은 아니었습니다. 예수님은 그가 이해할 수 있도록 도와주심으로써 믿을 수 있게 하셨습니다. 예수님은 그를 구원하지 못하는 믿음에서 구원하는 믿음으로 인도하셨습니다. 이제 이 남자는 예수 그리스도를 그의 영혼으로 신뢰하기까지 예수님에 대한 이해가 자랐습니다.

이 사람의 이야기는 영적으로 보기 위해 빛 이상의 것이 필요함을 보여줍니다. 볼 힘이 있어야 하는 것을 보여줍니다. 그리고 빛과 시력이 주어졌어도 보는 법을 배워야 함을 다시금 일깨워줍니다.

무지에서 믿음으로

이 남자는 자신이 모른다고 솔직하게 인정합니다. 이 남자는 자신이 아는 것만을 안다고 합니다.

"이전에는 볼 수 없었지만, 이제는 봅니다."

그는 바리새인들이 물었을 때 '모릅니다' 라고 시인하기를 두려워하지 않았습니다.

여기에 우리가 배워야 할 것이 있습니다. 잘 모르는 것을 누군가가 물을까 두려워 증거하기를 꺼려해서는 안 된다는 것입니다. 누군가가 혹시 물어본다 해도, '모릅니다' 라고 말하면 됩니다. 모른다는 것을 시인할 만큼 정직하다면, 사람들은 우리가 아는 것에 대해 말할 때 믿게 될 것입니다.

이 남자는 자기가 아는 것을 말했습니다. 본인이 기적을 직접 겪은 사람이었기 때문에 아무도 가타부타 논할 수 없었습니다. 예수라는 사람에 대해 잘 모른다는 것을 솔직하게 시인하였습니다.

그러나 예수님은 그를 무지한 상태로 내버려두지 않았습니다. 성경은 성령이 우리를 진리로 이끈다고 말합니다. 성령은 이미 포장되고 소화까지 된 상태의 진리를 우리에게 주지 않습니다. 진리를 배우는 데에는 여러 과정이 있습니다. 빛을 받았으면, 보는 법을 배워야 합니다.

요한복음 9장의 이 남자는 무지에서 믿음으로 가는 과정을 거쳤습니다. 그는 이제야 신앙을 갖기 시작했습니다. 그리고 이제 그의 눈을 뜨게 해줄 빛의 마지막 광선을 볼 준비가 되었습니다. 어떻게 그의 믿음이 무르익어 가는지 봅시다.

예수께서 그들이 그 사람을 쫓아냈다 하는 말을 들으셨더니 그를 만나서 이르시되 네가 인자를 믿느냐? 대답하여 가로되 주여 그가 누구시니이까 내가 믿고자 하나이다. 예수께서 이르시되 네가 그를 보았거니와 지금 너와 말하는 자가 그이니라 이르되 주여 내가 믿나이다 하고 절하는지라. (요 9:35~38)

볼 힘을 받은 이 남자는 이제 보는 법을 배우고 있습니다. 사람들은 이렇게 주 예수 그리스도께 오게 됩니다. 하나님이 사람들의 눈을 열어 주셔야 합니다. 성령님이 영적인 시력을 주셔야 합니다.

그러나 그 후엔 그들이 직접 보는 법을 배워야 합니다. 그래야 명확하게 볼 수 있는 믿음으로 나아오기까지, 그분을 아는 지식 안에서 자랄 수 있습니다.

영적 진리 다루기

예수님은 말씀하셨습니다.

그러므로 너희가 어떻게 들을까 스스로 삼가라. 누구든지 있는 자는 받겠고 없는 자는 그 있는 줄로 아는 것까지도 빼앗기리라. (눅 8:18)

예수님은 우리가 어떻게 주의 깊게 영적 진리에 반응해야 하는지 말씀하시고 있습니다. 진리에 대한 열망이 있다면, 더 많은 진리에 반응하게 될 것입니다.

그러나 진리에 대한 열망이 없다면, 이미 있는 것처럼 보이는 것조차 빼앗기게 될 것입니다.

바울은 말합니다.

복음에는 하나님의 의가 나타나서 믿음으로 믿음에 이르게 하나니, 기록된 바 오직 의인은 믿음으로 말미암아 살리라. (롬 1:17)

하나님이 우리에게 어떻게 말씀하십니까? '믿음에서 믿음으로' 라고 말씀하십니다.

이 남자가 예수님이 그의 눈을 뜨게 하셨다는 것을 인정했을 때는 믿음이 약간 있을 때였습니다. 예수님이 선지자라고 말했을 때 그의 믿음은 한 단계 올라갔습니다. 그리고 나서 그는 예수님이 하나님이 보내신 분이라고 말했습니다. 그리고 마침내 예수님을 하나님의 아들로 경배하였습니다. 예수님을 믿고 구원받은 것입니다. 그는 '믿음에서 믿음으로' 옮아간 것입니다.

의인의 길은 돋는 햇살 같아서 크게 빛나 한낮의 광명에 이르거니와 (잠 4:18)

먼저 우리는 동이 터오는 것을 봅니다. 그리고 해가 지평선 위로 올라올 때 더 잘 보게 됩니다. 하지만 여전히 색깔은 명료하지 않고 어둠이 짙습니다.

그리고 해가 좀 더 높이 떠오르면 우리는 더 잘 볼 수 있게 됩니다. 하지만 그림자가 길게 드리워져 있습니다. 마침내 해가 중천에 뜨게 되면 더 이상 어둠은 없습니다. 하나님이 우리에게 영적 지혜를 주실 때도 이렇습니다. 우리는 어둠에서 그림자로, 마침내 하나님을 아는 지식이 온전히 빛나기까지 옮겨가게 됩니다.

우리는 눈이 멀었다는 것을 인정해야만 합니다

만일 우리가 눈먼 거지로 태어나 하나님에 대한 진리를 볼 수 있게 하는 빛과 시력을 원한다면, 결론은 단 하나입니다. 우리가 영적으로 눈이 멀었으며 예수 그리스도가 필요하다는 것을 고백하고 인정하는 것입니다. 우리가 부인하면 죽게 되지만, 믿음으로 필요함을 인정할 때 생명을 얻게 됩니다.

다시 요한복음 9장 마지막 절로 가봅시다.

예수께서 이르시되 내가 심판하러 이 세상에 왔으니 보지 못하는 자들은 보게 하고 보는 자들은 맹인이 되게 하려 함이라 하시니, 바리새인 중에 예수와 함께 있던 자들이 이 말씀을 듣고 가로되 우리도 맹인인가? 예수께서 이르시되 너희가 맹인이 되었더라면 죄가 없으려니와 본다고 하니 너희 죄가 그대로 있느니라. (요 9:39~41)

빛을 거부하면

"보지 않으려고 하는 사람들만큼 눈먼 자도 없다."란 말이 있습니다. 예수님은 바리새인들과 같이 눈이 멀지 않았다고 주장하는 사람들은 눈먼 채로 보내셨습니다. 부족한 것이 없다고 주장하는 이들을, 예수님은 빈손으로 보내셨습니다. 옳다고 주장하는 이들을, 예수님은 용서하지 않으시고 보내셨습니다.

우리는 영적으로 눈이 멀었음을 인정해야 합니다. 빛을 받아들이기 시작하면 더 많은 빛이 들어오게 되지만, 빛을 거부하면 더욱 어두워지게 됩니다. 바울은 회개하기를 거부하는 사람들에 대해 말합니다.

하나님을 알되 하나님을 영화롭게도 아니하며 감사하지도 아니하고 오히려 그 생각이 허망하여지며 미련한 마음이 어두워졌나니. (롬 1:21)

예수 그리스도의 빛을 거부하는 것보다 더 큰 죄는 없습니다. 복음을 들으면, 하나님의 말씀에 마음을 열어야 합니다. 빛 가운데서 행하고, 예수 그리스도를 믿기까지 믿음에서 믿음으로 옮겨가지 않으면, 두 배로 정죄받게 됩니다.

왜 그렇습니까? 병 때문에 심판받기만 할 뿐 아니라 치료를 거부한 심판까지 받게 되기 때문입니다. 예수님이 하시는 말씀을 들어봅시다.

그 정죄는 이것이니 곧 빛이 세상에 왔으되 사람들이 자기 행위가 악하므로 빛보다 어둠을 더 사랑한 것이니라. 악을 행하는 자마다 빛을 미워하여 빛으로 오지 아니하나니 이는 그 행위가 드러날까 함이요. (요 3:19~20)

하나님께서 세상을 심판하러 오실 때는 이미 지은 죄를 심판하시기보다 빛을 거부한 죄에 대해 심판하실 것입니다.

세상의 빛

이 기적의 메시지는 세상의 빛이신 예수님께로 나아가야 한다는 것입니다(요 9:5). 예수님만이 우리의 영적 실명을 치유하실 수 있습니다. 죄 때문에 우리는 눈먼 거지로 태어납니다. 하지만 우리는 하나님의 은혜로 눈을 뜰 수 있습니다. 우리의 정신은 깨어나고, 마음은 예수 그리스도의 복음을 쉽게 이해할 수 있게 됩니다.

빛에 눈을 뜨면, 우리는 그 빛에 따라 살아야 합니다. 빛 가운데서 걸어야 합니다. 기적 너머 예수님께 가도록 빛을 따라가야 합니다. 기적이 있다는 것을 믿읍시다. 무엇보다도 중요한 것은 예수님을 신뢰하는 것입니다.

기적이 일어나려면

우리가 필요한 것을 하나님이 채워주시는 그곳에서 기적이 일어납니다.

우리가 필요한 것 — 어두움 대신 빛

영적으로 눈이 멀면 우리는 거지가 됩니다.
- 우리는 보지 못합니다.
- 우리는 날 때부터 눈이 멀었습니다.
- 우리는 거지입니다.

영적으로 눈먼 우리는 빛만 필요한 것이 아닙니다.
- 영적으로 볼 힘이 필요합니다.
- 예수님이 필요합니다.

예수님으로 인해 눈을 떴으면 보는 법을 배워야 합니다.
- 빛에 적응해야 합니다.
- 믿을 수 있게 되어야 합니다.
- 무지에서 믿음으로 옮겨가야 합니다.
- 영적 진리를 어떻게 다루어야 할지 배워야 합니다.

우리가 눈이 멀었다는 것을 인정해야 합니다.
- 감히 빛을 거부해서는 안 됩니다.
- 예수님을 세상의 빛으로 보아야 합니다.

우리가 필요한 것을 채워주심

- 우리의 먼 눈과 마음에 빛을 비추어주십니다.
- 우리를 거지로 만드는 가난에서 벗어나게 할 영적 부유함을 주십니다.
- 뜬 눈이 영적으로 볼 수 있도록 시력을 주십니다.
- 예수님이 세상의 빛이십니다.

예수님 안에서 필요한 것을 채우는 법

하나님의 채워주심을 경험하기 위해서는 예수님을 구해야 합니다.

- 주 예수님께로 눈과 마음이 열렸는지 영적 시력을 시험하십시오. 그리스도와의 관계에 대해 어떤 의심이 든다면, 그 의심을 몰아내기 전까지 안주하지 마십시오.
- 이미 그리스도를 구세주로 신뢰하고 있다면, 당신을 영적으로 부유하게 만드시는 하나님께 감사하는 시간을 가지십시오. 하나님이 그리스도 안에서 당신에게 하셨던 일들을 새로이 기억하기 위해 에베소서 1:3~14과 골로새서 2:13~15과 같은 말씀을 읽으십시오. 그리고 받은 축복을 가족이나 친구들과 나누십시오.
- 고린도전서 2:9~16을 읽고, 하나님이 주신 놀라운 선물, 즉 성령으로 당신의 마음을 밝혀주신 것에 대해 감사하십시오. 뜨인 눈이 하나님의 진리를 보고 이해할 수 있게 해줄 것입니다.

제 9 장

죽은 나사로를 살리시다

예수님은 우리의 죽음에 대한
하나님의 응답인 생명이십니다

진리를 알지니 진리가 너희를 자유롭게 하리라. (요 8:32)

이웃 마을에서 목회를

하고 있던 로버트 목사가 하루는 나에게 이런 부탁을 했습니다.

"애드리언 목사님, 죽어가는 할아버지가 한 분 계십니다. 주 예수 그리스도를 아는 것 같지 않습니다. 한번 찾아가서 예수님에 대해 말해 주시겠습니까?"

흔쾌히 가보겠다고 한 뒤, 노인에게 전화를 해 단도직입적으로 말했습니다.

"여보세요, 저는 애드리언 로저스라고 합니다. 한 번 찾아뵙고 주 예수님에 대해, 그리고 어떻게 예수님을 인격적으로 만나고 천국에 갈 수 있는지에 대해 잠시 말씀 나누고 싶습니다."

방문해도 좋다는 답에 그를 찾아갔습니다. 짧은 시간이었지만, 노인은 겸손히 머리를 숙여 기도하며, 그리스도를 영접하고 영생을 선물로 받았습니다.

이것이 이 이야기의 끝이 아닙니다. 며칠 뒤, 집에서 아내와 점심을 먹던 로버트가 식사를 마친 후 거실을 지나 자기 방으로 가던 중, 갑자기 거실 바닥에 쓰러져 죽은 일이 일어났습니다.

로버트는 노인이 살 날이 얼마 남지 않았다고 나에게 말했었습니다. 그러나 노인은 그 후로도 몇 년이나 더 살았습니다. 살 날이 며칠 남지 않은 사람은 바로 젊고 생기 있어 보였던 로버트 목사였습니다.

죽음은 누구에게나 찾아옵니다. 다만 언제 죽을지 모를 뿐입니다. 우리는 죽는다는 사실을 알면서도 필사적으로 잊으려 하는 피조물에 불과합니다. 죽음에 대해서 이야기하기 시작하면, 텔레비전 채널 바꾸듯 대화의 주제를 바꿔버릴 것입니다.

삶에 대한 몇 가지 시각

사람은 죽음에 대해 두려워하기만 할 뿐 아니라, 진징으로 삶을 즐기지도 못합니다. 유명한 사람들이 과거에 했던 말에서부터 이름 없는 평범한 사람들이 오늘날 하는 말까지, 삶에 대한 시각 몇 가지를 함께 봅시다.

19세기 영국 지도자 벤저민 디즈라엘리는 말했습니다.

"어렸을 땐 실수만 하고, 어른이 되면 고생만 하고, 늙어서는 후회만 하는 게 인생이다."

윌리엄 셰익스피어는 말했습니다.

"인생은 바보가 들려주는 아무 의미 없는 이야기로 의미 없는 소음으로 가득 차 있을 뿐이다."

작가 조지 산타야나는 말했습니다.

"인생은 휘황찬란한 축제가 아니다. 지지리 궁상일 뿐이다."

새뮤얼 버틀러는 말했습니다.

"삶은 피곤해지기만 하는 긴 여정에 불과하다."

프랑스 사람들은 이렇게 말합니다.

"삶은 양파다. 까면 울게 된다."

요즘 대학생들은 삶을 어떻게 바라보는지 한 대학 신문에 실렸던 몇 가지 말을 소개해보겠습니다.

"삶은 전혀 재미있을 것 같지 않은 농담이다."

"삶은 죽음만이 치료할 수 있는 병이다."

"삶은 태어난 죗값으로 치르는 무기징역이다."

그 신문에는 '죽음의 의사'로 악명 높은 잭 키보키언의 인생 철학을 엿볼 수 있는 글도 있었습니다. 그는 종교와 신앙에 관한 질문에 자신의 인생관을 상세히 설명하며 이렇게 덧붙였습니다.

"우리 같은 사람의 인생관은 신비주의 신화에 바탕을 두고 있다. 나에게는 나만의 신이 있다. 요한 세바스찬 바흐가 나의 신이다. 안 될 이유가 무엇인가? 없는 신도 만드는데, 바흐는 최소한 실존했던 사람이지 않은가?"

자, 이제 삶에 대한 또 다른 시각을 보여드리겠습니다. 예수 그리스도는 말씀하셨습니다.

내가 온 것은 양으로 생명을 얻게 하고 더 풍성히 얻게 하려는 것이라. (요 10:10)

'죽음의 의사'와 예수님 중 누구의 삶에 대한 시각이 더 건강한 것

같습니까? 나는 생명의 주님에게 표를 던지겠습니다.

오늘날 너무나 많은 사람들이 생명이 없습니다. 그들은 단지 존재하고 있을 뿐입니다. 싸우기 위해 사는 한편, 살기 위해 싸웁니다. 숨도 쉬고 돈도 벌며 살고 있지만, 그 삶은 어느 날인가 허무하게 끝나고 말 것입니다. 존재하고 있지만 살아 있는 것이 아닙니다.

또한 이들이 가진 것은 모두 거꾸로 되어 있습니다. '살다'는 뜻의 영어 단어인 'live'를 거꾸로 뒤집어보면 'evil', 즉 '악'이 됩니다. 예수님 없는 인생을 살면 '악한' 삶을 살게 되지요. 예수님 없이 인생을 살았을 경우, 'live'의 과거형인 'lived'를 거꾸로 취해보면 'devil', 즉 하나님을 대적하는 '마귀'가 되고 맙니다.

예수님은 우리에게 생명을 풍성하게 주시기 위해 이 땅에 오셨습니다. 사단은 도적질하고 죽이고 멸망시키려 온 도적입니다(요 10:10). 주 예수 그리스도를 위해 살기로 결심하지 않은 사람은 어리석습니다.

죽음에 대한 하나님의 응답

메시지가 있는 일곱 번째 기적, 즉 요한복음에서 살펴볼 마지막 이적은 여러분의 믿음을 더욱 높이 끌어올릴 수 있는 매우 적절한 주제입니다. 인생에 있어 가장 궁극적인 문제인 삶과 죽음을 다루고 있기 때문입니다. 죽은 나사로를 살리셨던 이 기적은 최고의 메시지를 주는 기적입니다. 바로, 예수님이 사람의 죽음에 대한 하나님의 응답이 되시기 때문입니다.

이번 기적은 요한복음 11장에 기록되어 있는데, 이 장은 죽음을 이기는 예수님의 권능을 볼 수 있는 감동적이고도 뿌듯한 장입니다. 요한복음 11장은 신약에서 가장 긴 장 중의 하나입니다. 기적과 그 의미를 살펴볼 수 있도록 상황 상황을 간단히 요약하겠습니다.

예수님께서는 나사로가 아프다는 소식을 들으셨습니다. 나사로는 베다니에 사는 마리아와 마르다의 오빠로, 예수님이 사랑하신 사람이었습니다 (요 11:1~3).

나사로가 죽었는데 예수님은 베다니로 오는 길을 늦추셨습니다 (요 11:4~16). 지체하신 이유는 예수님이 가장 중요하게 여기시는 '하나님의 영광과 하나님의 아들이 이로 말미암아 영광을 받게 하려 함'이었기 때문입니다 (요 11:4). 앞으로 어떤 기적을 행하실 것인지 완전히 알고 있었기에 일부러 지체하셨던 것입니다.

이윽고 예수님과 제자들이 베다니에 도착하자, 마르다가 예수님을 맞으러 나옵니다. 이 상황을 말씀을 통해 봅시다.

마르다가 예수께 여짜오되 주께서 여기 계셨더라면 내 오라버니가 죽지 아니하였겠나이다. 그러나 나는 이제라도 주께서 무엇이든지 하나님께 구하시는 것을 하나님이 주실 줄을 아나이다. …… 예수께서 이르시되 나는 부활이요 생명이니 나를 믿는 자는 죽어도 살겠고 무릇 살아서 나를 믿는 자는 영원히 죽지 아니하리니. (요 11:21~22, 25~26)

여기 이 기적의 메시지가 있습니다. 예수님이 나사로를 죽음에서 일으키시기 전에 직접 하신 말씀입니다

"내가 부활이고 생명이다."

예수님 자신이 죽음이라는 문제에 대한 답이신 것입니다. 그래서 반복하여 기적을 믿되 예수님을 신뢰하라고 말씀드리는 것입니다.

나사로를 살리신 일은 실제로 일어난 일입니다. 믿어도 됩니다. 하지만 우리의 믿음이 역사적인 사실로서의 기적에 머물러서는 안 됩니다. 우리는 기적의 주님, 예수 그리스도께 믿음을 두어야 합니다.

하나님이 이 기적을 통해 우리에게 가르치고 싶어하시는 세 가지 교훈을 알려드리겠습니다. 예수님이 약속하신 알차고도 풍성한 삶을 살기 원한다면 이 세 가지 중요한 단계를 반드시 거쳐야 합니다.

예수님 안에서 생명 경험하기

풍성한 삶을 살기 위해 거쳐야 하는 첫 번째 단계는 예수님 안에서 생명을 경험하는 것입니다.

요한복음 11장 14절을 봅시다. 예수님은 '나사로가 죽었다.'는 말씀만 하십니다. 사랑하셨던 친구에 대해 이 말씀밖에 하지 않으셨습니다.

나사로가 머리숱이 많고, 군살 없는 몸매라 해도, 아무리 멋진 옷을 차려 입었다 해도 아무 소용없는 일입니다. 사랑하는 두 여동생과 수많은 친구들에게 둘러싸여 있다 한들 마찬가지입니다.

아무리 다른 모든 것이 완벽하게 갖추어져 있다 해도 나사로에게는 소용이 없는 것입니다. 왜냐하면 결정적으로 그는 죽었기 때문입니다.

살아 있으나 죽은 자

영적으로 나사로는 우리가 매일 만나는 수많은 사람들을 대변합니다. 그들은 너무나 멋진 장점들을 가진, 지적이고 잘생긴 사람들일 수 있습니다. 그러나 그들은 예수님이 구세주 되심을 경험하지도, 깨닫지도 못하고 나사로가 육체적으로 죽었던 것처럼 영적으로 죽어 있는 사람들입니다.

누구든지 예수님께 생명을 받지 않은 사람은 허물과 죄로 죽은 상태입니다(엡 2:1, 딤전 5:6 참조). 아는 사람들 중에 살아 있지만 죽은 사람이 있습니까? 우리 교회가 있는 멤피스는 그런 사람들로 가득합니다. 여러분이 사는 곳도 그럴 것입니다.

죽을 수 없는 사람들

살아 있으나 죽은 상태인 사람들이 이미 죽었다고 말하는 어떤 사람들은 사실 죽지 않은 사람들입니다. 이 사람들은 예수님을 알기에 이 땅에서 천국으로 사는 곳을 옮겼을 뿐입니다.

만일 여러분의 어머니, 아버지가 살아생전에 예수님을 알았다면, 그분들은 죽은 것이 아닙니다. 그분들은 금으로 만든 천국 거리를 즐겁게 거닐며 잘 살고 계십니다. 주님을 아는 사람이 죽는 것은 불가능합니다. 여러분은 예수 그리스도를 믿고 있습니까? 죽지 않는 사람을 만나고 싶다면 거울을 한 번 들여다보십시오.

"잠깐만요, 목사님. 우린 다 죽을 목숨 아닌가요?"

이렇게 말하는 사람도 있겠지요? 하지만 아닙니다. 예수 그리스도를 진정으로 믿는 사람이 죽는 것은 절대적으로 불가능합니다. 예수님이 말씀하셨습니다.

무릇 살아서 나를 믿는 자는 영원히 죽지 아니하리니. (요 11:26)

우리가 사망이라고 말하는 상태는 우리 육신이 그 기능을 멈춘 경우입니다. 바울은 사망이 '땅에 있는 우리의 장막 집이 무너지는' 상태라고 묘사합니다(고후 5:1). 그리고는 이 땅에서의 육신과 영원한 부활의 육신을 비교합니다. 나의 '땅에 있는 장막'은 언젠가는 썩게 될 것입니다. 무덤 속으로 들어가게 될 것입니다. 그러나 드와이트 엘 무디는 이런 인상적인 말을 했습니다.

"언젠가 여러분은 무디가 죽었다는 말을 듣게 될 테죠. 하지만 믿지 마십시오. 내가 이 세상에 살았을 그 어느 때보다 더욱 생기 있게 살아 있을 테니까요."

마찬가지로, 애드리언 로저스가 죽었다는 소리를 듣게 되도 믿지 마십시오. 누구 말을 믿으시겠습니까? 의사의 말입니까, 예수님의 말입니까?

나는 죽을 수가 없습니다. 나는 단지 임시 '장막('성전'을 뜻함)'을 나와 영화된 몸으로 들어갈 뿐입니다. '몸이라고 하는 임시 장막을 떠나 주와 함께 거하는 것'입니다(고후 5:8). 주 예수 그리스도를 알 때 우리는 결코 죽지 않습니다.

내가 아는 참 특별하고 별난 사람 중에 찰리 피셔라는 사람이 있었습니다. 좀 깐깐한 성격인 그를 사람들은 '찰리 아저씨'라고 친근하게 불렀습니다. 그는 내가 여태까지 알아온 그 어떤 사람보다 예수님을 뜨겁게 사랑했습니다. 그는 낡은 비행기를 타고 다니며 매우 유별난 간증을 하곤 했는데, 지역 박람회가 열리는 곳이라면 어디든지 갔습니다.

찰리 피셔에 대한 이야기는 무궁무진합니다. 하지만 그가 했던 가장 특이한 일은 자신의 장례식 때 스스로 말을 전한 일이었습니다.

찰리 피셔는 죽기 전에 이런 유언을 했습니다.

"내가 죽으면, 장례식장에 내 친구들을 불러 모아다오. 아무것도 할 필요없이 그냥 친구들을 모아주기만 하면 돼. 다 모이면 카세트 테이프를 틀어주렴. 하고 싶은 말을 녹음해뒀으니까."

그가 말한 것은 그대로 이루어졌습니다. 찰리 피셔가 자기 장례식을 스스로 집도한 것이었습니다.

장례식 때 친구들이 다 모였습니다. 그는 더 이상 친구들과 같이 있지 않았습니다. 오직 그의 시신만이 거기 있었을 뿐입니다. 카세트가 켜지고, 그의 말이 울려 나왔습니다.

"안녕, 친구들! 찰리 피셔야. 지금 천국에 와 있는데, 정말 너무 멋져."

그는 계속 천국에 대해 이것저것 말하면서 천국이 얼마나 멋진지 끝없이 이야기했습니다. 그리고는 이렇게 덧붙였습니다.

"거기 있는 너희들이 다 여기 천국으로 나를 만나러 왔으면 좋겠다."

'죽었으나 오히려 말하는' 사람 가운데서도 참 유별난 예라는 것, 인정합니다(히 11:4).

이미 말한 것처럼, 찰리 피셔는 별난 남자였습니다. 찰리의 이야기는 이제부터 할 이야기에 대한 좋은 예입니다. 찰리가 자기 장례식장에서 말했을 때, 그는 정말이지 살아 있었습니다.

성경은 향락을 좋아하는 이는 살았으나 죽었다고 말합니다(딤전 5:6). 그러나 예수님을 믿는 사람에게는 영원한 생명이 있습니다.

새 삶을 위해 필요한 것

4개의 복음서는 예수님이 세 명의 죽었던 사람들을 살렸다고 기록합니다. 첫 번째 사람은 회당장 야이로의 딸입니다. 병으로 죽어가던 소녀였는데, 예수님이 집에 도착하셨을 즈음 죽었습니다. 그러나 예수님은 그 아이를 죽음에서 살려내셨습니다(막 5:21~43).

두 번째 사람은 나인에서 온 한 죽은 청년입니다(눅 7:11~17). 예수님은 이 청년의 시신을 무덤으로 옮기는 장례식 중간에 그를 살리심으로써 장례식을 망쳐놓으셨습니다.

세 번째 사람은 나사로입니다. 어린 소녀는 예수님이 살리시기 몇 시간 전에 죽었고, 젊은이도 아직 장사를 지내지 않은 상태였습니다. 그래서 이 두 경우 모두 시신이 썩지 않은 상태였습니다. 그러나 나사로는 예수님이 살리시기까지 나흘 동안이나 죽어 있었습니다. 시신은 분명히 썩기 시작했을 것입니다.

자, 질문 하나 드리겠습니다. 이 셋 중 누가 더 죽었다고 말할 수 있을까요? 말할 것도 없이 셋 모두 똑같습니다. 덜 죽었거나 더 죽었다는 것은 세상에 없습니다. 죽으면 다 죽은 것입니다.

때때로 우리는 더러운 죄 가운데에 뒹굴어 온몸이 지저분하고 악취로 가득한 사람들을 봅니다. 그럴 때면 코를 움켜쥐고 이렇게 말합니다. "세상에, 저것 좀 봐."

그러나 잘 차려 입고 멋진 모습을 한 사람이 교회에 앉아 있다 해도, 그에게 예수님이 없다면 그 역시 죽은 생명임을 알아야 합니다.

교회에 나와 있는 사람이 술과 마약에 입도 대지 않았을지 모르지만, 예수 그리스도가 없다면 자신의 허물과 죄로 죽은 것입니다. 우리 모두 그리스도 안에서 생명을 경험해야 합니다.

그리스도 안에서 생명을 경험하는 방법

어떻게 진정한 생명을 경험할 수 있을까요? 학계나 정치 등 다양한 영역의 전문가들은 오늘을 사는 사람들에게 필요한 것으로 '본보기', '격려', '환경', '교육' 등을 들고 있습니다. 그럼, 우리가 이 네 가지를 통해 얼마나 얻을 수 있는지 한 번 보겠습니다.

지금 주제가 그리스도 안에서 생명을 경험하는 방법이니, 죽은 사람을 다시 살리는 상상을 해봅시다. 어떻게 죽은 사람을 살려낼 수 있을까요? 본보기를 보여서 살려볼까요? 죽은 사람 앞에서 말합니다.

"이 죽은 사람은 어떻게 하면 살 수 있는지 알고 싶어합니다. 살아 있는 사람이 어떻게 움직이는지 보여줍시다. 팔굽혀펴기를 오십 번 해봅시다. 그래서 살아 있다는 것이 어떤 것인지 한 번 보여줍시다."

그가 다시 살아날까요? 과연, 살아 있는 사람의 본보기가 죽은 사람을 살릴 수 있을까요? 아니요, 그럴 수 없습니다.

그럼 이제는 격려를 해봅시다. 사람의 마음을 가장 잘 움직일 수 있는 최고의 연설가를 데려옵시다. 치어리더 한 무리를 세워봅시다. 목사들을 모아 죽은 자를 격려해봅시다.

"옳지, 넌 할 수 있어! 일어나 걸어봐!"

우습게 들리지 않습니까? 죽은 사람을 격려한다고 살릴 수 없습니다. 환경을 바꿔보면 어떨까요? 어쩌면 답일지도 모르겠습니다. 산 사람이 가득한 방에 죽은 사람을 놓아봅시다. 사람이 살 수 있는 최적의 환경을 만들어주면 살 수 있을까요? 아닙니다.

환경도 답이 아닙니다. 아담과 하와는 이 지구상에서 가장 완벽한 환경을 가진 에덴동산에서도 죄를 짓고 쫓겨났습니다. 그보다 더 좋은 환경은 없었는데도 말입니다.

이제 마지막으로 교육을 시도해봅시다. 어쩌면 죽은 사람은 단지 삶과 죽음의 차이점을 이해하지 못하고 있을지도 모릅니다. 의학 서적을 한 권 갖다 주고 가르쳐봅시다. 생명이란 무엇이며, 살아 있는 몸이 어떻게 움직여야 하는지를 가르쳐봅시다. 그러면 살 수 있는 방법을 배워 다시 살아날지도 모릅니다. 말도 안 되지요?

전문가들이 말한 이 네 가지로도 얻을 수 없습니다. 죽은 사람은 오직 주 예수 그리스도로부터 삶을 얻을 수 있습니다. 그래서 예수님은 나사로를 무덤에서 살려내셔서 우리에게 이 대변혁의 진리를 보여주시는 것입니다. 요한복음 11장 본문으로 다시 돌아와 예수님이 나사로를 어떻게 죽음에서 살려내셨는지 봅시다.

마리아가 급히 예수님을 만나 슬픔을 토로하자, 예수님은 나사로가 어디 묻혔는지 물으십니다(요 11:28~34). 그 다음을 보면 '예수께서 눈물을 흘리시더라.'는 짧지만 놀라운 구절을 보게 됩니다. 예수님이 나사로를 살리실 것을 아셨지만 우신 것입니다.

예수님은 무덤에 도착하신 후 "돌을 옮겨놓으라."고 말씀하십니다(요 11:39). 그리고 마르다에게 약속하신 바를 다시금 확신시켜 주시고는 하나님 아버지께 신뢰와 확신의 기도를 간단히 올립니다(요 11:40~42). 그러고는 큰 목소리로 명령하십니다. "나사로야 나오라(요 11:43)." 애원하지도 않고, 말에 토를 달지도 않고, 아무것도 의심하지 않고, 주님의 한마디에 나사로는 무덤에서 나옵니다.

나사로가 새 삶을 경험했던 것과 같은 방법으로 그리스도 안에서 생명을 경험할 수 있습니다. 바로, 하나님의 말씀에 의해서입니다. 예수님은 말씀하셨습니다.

살리는 것은 영이니 육은 무익하니라. 내가 너희에게 이른 말은 영이요 생명이라. (요 6:63)

우리는 하나님의 말씀에 의해 다시 태어나는데, 하나님의 말씀은 '살아 있고 활력이 있다'고 했습니다(히 4:12). '살아 있다'는 말은 힘과 능력을 공급받아 살아 있다는 뜻입니다.

죽은 사람을 어떻게 살립니까? 하나님의 말씀으로 살립니다. 그래서 바울은 우리가 다른 사람들에게 '생명의 말씀을 밝혀야' 한다고 말합니다(빌 2:16). 이 말씀은 생명을 주는 말씀입니다.

예수님을 통해서 자유 행사하기

지금까지 첫 번째 요지를 설명하는 데 많은 공을 들였습니다. 그리스도인의 삶에 있어서 다른 모든 것의 근본이 되고, 이번 기적의 메시지에서 매우 중요한 요소이기 때문입니다. 예수님 안에서 생명을 경험하지 못한다면, 앞으로 이야기할 다른 것들은 아무런 소용이 없습니다.

일단 예수님 안에서 생명을 경험하게 되면, 예수님을 통해서 자유를 행사해야 합니다. 나사로가 무덤에서 나왔을 때 수족은 베로 동여 있고 얼굴은 수건에 싸여 있었습니다. 이에 예수님은 "풀어놓아 다니게 하라."고 말씀하셨습니다(요 11:44).

이 장면이 상상이 되십니까? 나사로가 열린 무덤 입구에서 온몸을 수의로 감싼 채 불편하게 걸어나옵니다. 살아 있지만 자유가 없습니다. 묶여서 옴짝달싹할 수도 없습니다. 제대로 걸을 수도, 말할 수도, 볼 수도 없습니다. 생명이 있어도 자유가 없는 것입니다.

오늘날 많은 사람들이 이와 같은 모습의 나사로와 같습니다. 구원받았지만 승리하는 삶을 살지 못하고 있습니다. 예수님이 십자가 보혈을 흘리셨던 갈보리에 가서 죄사함은 얻어왔지만, 성령의 능력이 임하셨던 오순절에 아직 이르지 못하고 있는 상태입니다. 갈보리와 오순절 사이에서 정체되었기에 생명은 있지만, 아직 자유는 없습니다.

나사로가 부활했다 해도 지금 그 상태로 저녁 식사에 초대하고 싶지는 않을 것입니다. 생명은 있지만, 여전히 썩는 냄새가 나는 수의를 입고 있기 때문입니다. 이 죽음의 냄새는 아직도 나사로에게 머물러 있습니다. 이제는 이전 삶으로부터 자유로워야 합니다.

예수님은 우리에게 단순히 생명만 주시기 위해 오시지 않았습니다. 우리에게 풍성한 삶을 주시기 위해 오셨습니다. 예수님은 우리가 이전에 입었던 수의를 계속 입고 있기를 원치 않으십니다. 예수님은 말씀하셨습니다.

진리를 알지니 진리가 너희를 자유롭게 하리라. (요 8:32)

그러므로 아들이 너희를 자유롭게 하면 너희가 참으로 자유로우리라. (요 8:36)

아직도 옛 사랑과 옛 탐욕과 옛 가르침과 옛 거짓에 묶인 신자들이 많습니다. 우리는 '옛 사람'을 벗어버리고(엡 4:22, 골 3:9), 부인하며 새 생명 안에서 걸어야 합니다.

교회의 사역은 두 가지입니다. 죽은 자를 불러내는 것과 성도들이 자유롭도록 풀어주는 것입니다. 나를 풀어준 사람들로 인해 하나님께 감사드립니다.

예수님을 향한 사랑 즐기기

나사로를 살리신 기적으로부터 배울 수 있는 세 번째 진리는 요한복음 12장에 명확히 나와 있습니다.

유월절 엿새 전에 예수께서 베다니에 이르시니 이곳은 예수께서 죽은 자 가운데서 살리신 나사로가 있는 곳이라. 거기서 예수를 위하여 잔치할 새 마르다는 일을 하고 나사로는 예수와 함께 앉은 자 중에 있더라. (요 12:1~2)

이 말씀, 참 좋지 않습니까? 예수님으로 인해 새 생명을 받고 예수님으로 인해 자유로워진 사람이 이제 예수님과 교제하고 있습니다. 나사로는 무덤에서 식탁으로 자리를 옮겼습니다. 이제 예수님과 얼굴을 마주하고 함께 즐겁게 식사를 하게 된 것입니다.

여러분도 예수님과 이렇게 친밀한 교제를 나누고 싶지 않습니까? 여러분도 할 수 있습니다. 예수님과 대화를 나눌 때마다, 그와 함께 걸을 때마다, 주 예수 그리스도와 함께 식사를 할 때마다 친밀한 교제를 나눌 수 있습니다.

예수님은 그의 백성들과 우정을 나누고 싶어하십니다. 예수님은 이렇게 말씀하셨습니다.

"볼지어다. 내가 문 밖에 서서 두드리노니 누구든지 내 음성을 듣고 문을 열면 내가 그에게로 들어가 그와 더불어 먹고 그는 나와 더불어 먹으리라." (계 3:20)

우리는 4개의 복음서에서 예수님이 제자들을 초청해 함께 식사하셨다는 것을 많이 읽게 됩니다. 예수님은 '와서 먹으라'고 말씀하시곤 하셨습니다. 그리스도인들이 함께 먹는 것을 지나치게 강조한다고 말하는 사람들이 있습니다. 어쩌면 지금도 충분하지 않을지 모릅니다.

예수님과 교제하고 우리가 서로 교제하는 것은 우리의 유산입니다. 나사로는 이제 자기 집 식탁에 주 예수님과 함께 앉아 있습니다. 어떤 대화가 오갔을지 나도 들을 수 있었으면 좋겠습니다.

그리스도를 위해 사는 것은 천국에 가기 위해 감내해야 하는 벌이 아닙니다. 나는 천국이 없다 해도 그리스도인이 되고 싶었을 것입니다. 주 예수 그리스도를 알고, 사랑하고, 교제하고, 그분이 나를 사랑하고 나와 교제함을 아는 것만으로도 충분히 가치가 있기 때문입니다.

예수님께 충성된 마음 표현하기

예수님을 따르는 자로서, 예수님께 충성된 마음을 표현해야 합니다. 요한복음 12장을 다시 봅시다.

> 유대인의 큰 무리가 예수께서 여기 계신 줄을 알고 오니 이는 예수만 보기 위함이 아니요 죽은 자 가운데서 살리신 나사로도 보려 함이러라. 대제사장들이 나사로까지 죽이려고 모의하니 나사로 때문에 많은 유대인이 가서 예수를 믿음이러라. (요 12:9~11)

예수님께 생명과 자유를 받은 나사로는 예수님을 사랑하였고 그분을 향한 충성심을 표현했습니다. 나사로는 예수님을 위해 일어나서 그에 관해 증거했습니다. 이로써 그는 사단 왕국에 위험한 인물이 되었습니다. 많은 유대인들이 나사로 때문에 예수님을 믿었습니다. 사람들이 예수님께로 나아와 구원을 받았습니다.

나사로의 행동에 잔뜩 비위가 상한 대제사장들과 바리새인들이 모여 말합니다.

"이 나사로라는 인간을 가만 둬선 안 되겠어. 이 인간 때문에 사람들이 예수한테로 가고 있어. 이 인간의 입을 막아야 해. 위험한 놈이니, 죽이자."

얼마나 우스운지! 방금 무덤에서 나온 나사로를 죽이겠다니요. 나사로가 그들의 협박에 위협을 느꼈을까요? 나사로가 죽음의 공포에 사로잡혔을까요?

나는 나사로가 자신을 죽이려 하는 것에 전혀 겁을 먹지 않았다고 생각합니다. 사단은 사람들을 두렵게 만드는 사악한 존재로, 성경은 마귀가 죽음의 공포를 이용해 사람들을 종노릇하게 만든다고 말합니다(히 2:15).

나사로는 더 이상 죽음이 두렵지 않았습니다. 자신이 생명의 주님을 섬기고 있다는 것을 알았기 때문입니다. 그들이 자기 육신을 죽인다 할지라도, 그건 단지 천국으로 더 빨리 가게 만들 뿐이라는 것을 이미 알았습니다. 그래서 예수님에 관해 담대하게 증거할 수 있었습니다.

죽음을 더 이상 두려워하지 않게 되기까지 우리는 진정한 삶을 살 준비가 되었다고 말할 수 없습니다. 더 이상 죽음이 두렵지 않게 될 때, 나사로가 살았던 것처럼 우리도 살 수 있게 됩니다. 우리에게 생명과 자유, 사랑이 있고, 예수님과 교제하게 될 때, 그리고 그를 향한 충성심을 표현하게 될 때, 우리는 예수님이 약속하신 풍성한 삶이 어떤 것인지 알게 될 것입니다.

문제에 대한 답

결론은 예수님은 그 어떤 문제라도 해결하실 수 있다는 것입니다. "이러지도 못하겠고 저러지도 못하겠고, 대체 답이 뭐지?"라고 묻는 사람들이 많습니다. 문제에 대한 답은 '어떤 것'이 아니라 '어떤 사람'입니다. 그 어떤 문제라도 답은 예수님입니다.

사람에게 생길 수 있는 가장 심각한 문제는 생명 없이 영적으로 죽은 것입니다. 죽음을 능가할 만한 장애는 없습니다. 하지만 예수님은 사망으로부터 나를 건져 생명을 주실 수 있습니다. 예수님은 우리에게 영원한 생명을 주실 수 있습니다. 예수님을 믿으면 결코 죽지 않습니다.

중풍 환자를 들것에 싣고 예수님께 데리고 왔던 네 친구의 이야기를 다시 생각해봅시다(막 2:1~12). 이 네 친구가 중풍 환자에게 예수님께 데리고 가겠다고 말하는 장면을 상상해봅시다. 환자가 말합니다.

"예수가 뭘 어떻게 해줄 수 있겠어? 난 온몸이 완전 마비되었는데!"

한 친구가 말합니다.

"난 눈이 보이지 않았지만 예수님이 내 눈을 열어주셨어. 이제 볼 수 있잖아."

중풍 환자가 다시 말합니다.

"넌 눈만 보이지 않았을 뿐이잖아. 난 온몸이 마비되었다고."

이때 들것 한쪽을 들고 있던 다른 친구가 말합니다.

"잠깐, 내 팔도 마비됐을 때 예수님이 고쳐주셨어."

이에 중풍 환자는 또 반박합니다.

"그건 팔 하나니까 그렇지. 난 온몸이 그렇잖아."

다른 친구가 다시 말합니다.

"나는 귀가 들리지 않았는데, 예수님이 내 귀를 열어주셨어."

하지만 중풍 환자는 여전히 마음이 열리지 않고 있습니다. 들을 수 있게 만드는 것이 마비된 몸을 고치는 것보다 어렵지 않다고 생각하기 때문입니다.

이제, 마지막 친구가 말합니다.

"네 몸을 고치는 것도 예수님한테는 전혀 어렵지 않아. 나는 잘 알고 있지. 내가 나사로거든. 죽었다가 다시 살아난 나사로."

이제 더 이상 논쟁할 필요가 없습니다.

여러분이 지금 어떤 상황에 있건 어떤 위기에 처해 있건 상관없습니다. 죽은 자를 살리실 수 있는 이가 답입니다. 그 어떤 문제도 그가 해결하지 못할 것이 없습니다. 요한의 일곱 가지 기적 행진에 마지막 주자로 나온 이 기적이 그 이유를 말해줍니다.

다시 말씀드립니다. 기적이 있다는 것을 믿으십시오. 그리고 예수님을 신뢰하십시오. 예수님은 그저 눈먼 자를 볼 수 있게 하고, 귀 먼 자를 들을 수 있게 하고, 마비된 팔을 고쳐주려고 오신 게 아닙니다. 무덤에서 일시적으로 살려내려고 오신 건 더더욱 아닙니다. 우리를 죄로부터 구원하셔서 생명을 얻되 풍성히 누릴 수 있게 하려고 오신 것입니다.

기적이 일어나려면

우리가 필요한 것을 하나님이 채워주시는 그곳에서 기적이 일어납니다.

우리에게 필요한 것 — 죽음 대신 생명

그리스도가 없는 사람들은 살아 있어도 죽은 자입니다.
- 그리스도가 없다면, 우리는 영적으로 죽은 것입니다(엡 2:1).
- 그리스도가 없다면, 이 땅에 삶이 존재하는 것에 불과합니다.

모든 사람은 다 그리스도 안에서 새 생명이 필요합니다.
- 죽는다는 것은 변하지 않는 사실입니다.
- 오직 예수님만이 죽음 대신 영생을 주실 수 있습니다(요 11:25~26).

우리가 필요한 것을 채워주심

- 하나님은 우리가 예수님 안에서 풍성한 삶을 누리기 원하십니다(요 10:10).
- 하나님은 우리가 예수님을 통해서 영적 자유를 행사하기 원하십니다.
- 하나님은 우리가 예수님을 위한 사랑을 경험하고 누리기 원하십니다.
- 하나님은 우리가 예수님께 충성심을 표현하기 원하십니다.

예수님 안에서 필요한 것을 채우는 법

- 요한복음 10장 10절을 읽고, 예수님이 약속하신 풍성한 생명을 달라고 구하십시오. 영생의 기쁨을 도적질하기 위해 사단이 당신의 삶에서 이용하고 있는 것을 드러내 없애달라고 하나님께 구하십시오.

- 영적으로 묶이게 하고 예수님이 주신 자유를 경험하지 못하게 하는 어떤 습관이나 사고 방식, 또는 당신을 괴롭히는 죄로부터 자유롭게 해달라고 하나님께 구하십시오(요 8:36).
- 예수님을 향한 사랑이 더욱 깊어지도록 매일 기도와 성경 말씀을 통해 그분과 시간을 보내십시오. 예수님은 당신과 친밀한 교제를 하기 바라시며, 그러한 우정을 찾고 있음을 기억하십시오(계 3:20).
- 예수님을 향한 충성심을 표현하십시오. 다른 사람에게 예수님에 대해 이야기하십시오. 집이나 일터뿐 아니라 자신이 있는 어느 곳에서라도 예수님을 변호하십시오. 다른 사람들이 예수님에 대해 알 수 있도록 당신이 할 수 있는 모든 일을 하십시오.

제 10 장

최고의 기적

능히 너희를 보호하사 거침이 없게 하시고 너희로 그 영광 앞에 흠이 없이 기쁨으로 서게 하실 이, 곧 우리 구주 홀로 하나이신 하나님께 우리 주 예수 그리스도로 말미암아 영광과 위엄과 권력과 권세가 영원 전부터 이제와 영원토록 있을지어다 아멘. (유 1:24~25)

우리가 상상할 수 있는

최고의 기적은 무엇일까요? 아마 죽은 이가 살아나는 것 아닐까요? 그러나 그것보다 더 큰 기적이 있습니다. 바로 새로 태어나는 것입니다.

요한이 일곱 가지 기적을 자세히 기록한 목적은 무엇이었을까요? 우리가 예수님께로 나아가고, 그분만이 줄 수 있는 새 생명을 통해 풍성한 삶을 누리게 하는 것이었습니다. 사도 요한이 하는 말에 다시 귀 기울여봅시다.

예수께서 제자들 앞에서 이 책에 기록되지 아니한 다른 표적도 많이 행하셨으나 오직 이것을 기록함은 너희로 예수께서 하나님의 아들 그리스도이심을 믿게 하려 함이요. 또 너희로 믿고 그 이름을 힘입어 생명을 얻게 하려 함이니라. (요 20:30~31)

기적을 마음에 품은 사람

최고의 기적은 신약 시대의 지도층 인사였던 니고데모의 삶에서 볼 수 있습니다. 그는 유대인의 관원으로 재능 있고 존경받던 사람이었습니다. 그의 이름의 뜻도 '우수하다' 입니다.

그런 그도 예수님이 행하셨던 여러 기적에 매우 큰 감동을 받았습니다. 니고데모는 기적을 일으키는 예수님에 대해 더 알고자 하는 열망에 휩싸였습니다. 그래서 한밤중에 예수님을 찾아와 그 기적들에 대해 물어보았습니다.

바리새인 중에 니고데모라 하는 사람이 있으니 유대인의 지도자라. 그가 밤에 예수께 와서 이르되 랍비여 우리가 당신은 하나님께로부터 오신 선생인 줄 아나이다. 하나님이 함께하시지 아니하시면 당신이 행하시는 이 표적을 아무도 할 수 없음이니이다. 예수께서 대답하여 이르시되 진실로 진실로 네게 이르노니 사람이 거듭나지 아니하면 하나님의 나라를 볼 수 없느니라. 니고데모가 이르되 사람이 늙으면 어떻게 날 수 있사옵나이까? 두 번째 모태에 들어갔다가 날 수 있사옵나이까? 예수께서 대답하시되 진실로 진실로 네게 이르노니 사람이 물과 성령으로 나지 아니하면 하나님의 나라에 들어갈 수 없느니라. 육으로 난 것은 육이요 성령으로 난 것은 영이니 내가 네게 거듭나야 하겠다 하는 말을 놀랍게 여기지 말라. (요 3:1~7)

예수님이 이 종교 학자에게 하신 말씀이 무엇입니까? 요즘 말로 쉽게 표현해보면 "니고데모야, 네가 기적을 이해하고 싶다면, 너 자신이 기적이 되어야 한다. 다시 태어나야 한다."는 말씀입니다.

새 생명이야말로 여태까지 듣고 보았던 그 어떤 기적보다 더 위대한 기적임을 니고데모는 깨닫기 시작합니다.

새로 태어나야 하는 이유

예수님은 니고데모에게 변화하기 위해서는 철저하고 눈부시게 영원히 변화해야 한다고 하십니다. 왜입니까? 니고데모의 있는 그대로의 모습에 무엇이 잘못되었습니까?

세상에 태어나다

요한복음 3장 4절은 니고데모의 자연적 출생에 대해 말합니다. 니고데모도 아담의 후손으로 태어났기에 우리 모두와 마찬가지로 죄의 저주 아래 놓여 있습니다. 사도 바울은 이를 이렇게 표현했습니다.

본질상 진노의 자녀이었더니. (엡 2:3)

이 세상에 태어나는 모든 아이들은 죄성을 타고 납니다. 따라서 니고데모에게는 새 본성을 줄 새 생명이 필요했습니다.

죄악 가득한 세상에 매이다

죄인의 본성을 갖고 태어났기에 니고데모는 죄인으로 행동합니다. 사람이 죄를 짓기 때문에 죄인이 아닙니다. 죄인이기 때문에 죄를 짓습니다. 사람이 태어날 때 이미 아담의 본성을 갖고 태어난다는 것입니다.

사과에 생긴 벌레 먹은 구멍은 벌레가 사과를 안으로 파먹고 들어가 생긴 것이 아닙니다. 반대로 벌레가 안에서부터 사과를 먹고 나와 만드는 것입니다. 그러면 벌레는 어떻게 사과 안에 들어갔을까요? 어미벌레가 사과꽃 속에 알을 낳았기 때문입니다. 벌레는 사과 속에서 부화했습니다.

이처럼 죄는 우리의 삶을 좀먹으며 밖으로 드러나기 전 이미 우리 마음속에 있습니다. 예수님은 이를 분명히 말씀하셨습니다.

입에서 나오는 것들은 마음에서 나오나니 이것이야말로 사람을 더럽게 하느니라. 마음에서 나오는 것은 악한 생각과 살인과 간음과 음란과 도적질과 거짓 증언과 비방이니 이런 것들이 사람을 더럽게 하는 것이요. (마 15:18~20)

이처럼 인간에게 있어서 문제의 핵심은 마음에 있습니다.

영적 세계에 눈이 멀다

예수님은 니고데모에게 거듭나지 않고는 하나님의 나라를 볼 수 없다고 말씀하셨습니다(요 3:3). 니고데모는 학식이 있는 사람이었지만, 이 말뜻을 이해하지 못했습니다. 이 땅에서는 이스라엘의 선생이었지만(요 3:10), 영적 세계에서는 신생아이기 때문입니다.

바울은 그리스도 없는 이의 실명 상태를 다음과 같이 묘사했습니다.

그들의 총명이 어두워지고 그들 가운데 있는 무지함과 그들의 마음이 굳어짐으로 말미암아 하나님의 생명에서 떠나 있도다. (엡 4:18)

아직 예수님을 믿지 않는 사람이 신앙과 관련해, "이해가 안 돼!"라고 얘기할 때 나무라지 마십시오. 그는 사실을 말하고 있는 것입니다. 정말 안 보이기 때문에 이해할 수 없는 것입니다.

새로 태어나기 위한 조건

어떻게 하면 새로 태어나는 최고의 기적이 일어날까요?

생명이 탄생하기 위해서는, 먼저 잉태되어야 합니다. 한 아이가 육체적으로 잉태되어 태어나기 위해서는 두 부모가 필요합니다. 영적 세계에서도 마찬가지입니다. 새 생명을 위한 두 영적 부모는 성령과 하나님의 말씀입니다.

요한복음 3장 5절에서는 '물과 성령으로' 태어나는 것에 대해 말하고 있는데, '성령'은 하나님의 영을 말하며, '물'은 하나님의 말씀을 상징합니다(엡 5:26).

영혼이 생명을 수태하고 새 생명을 낳을 수 있게 하는 것은 하나님의 말씀입니다. 사도 베드로는 말합니다.

너희가 거듭난 것은 썩어질 씨로 된 것이 아니요 썩지 아니할 씨로 된 것이니 살아 있고 항상 있는 하나님의 말씀으로 되었느니라. (벧전 1:23)

하나님의 말씀과 하나님의 영이 믿음의 자궁에 같이 들어와 그리스도 안에서 새 생명을 탄생시킵니다. 예수님은 니고데모에게 다시 태어나는 것이 믿음과 관련한 것이라고 분명히 말씀하십니다.

하나님이 세상을 이처럼 사랑하사 독생자를 주셨으니 이는 저를 믿는 자마다 멸망하지 않고 영생을 얻게 하려 하심이라. (요 3:16)

다시 태어난 결과

새 생명으로 태어나는 기적에는 몇 가지 놀라운 결과가 있습니다.

새 아버지

이 땅에 사는 모든 사람이 하나님을 "아버지"라고 부르지 못합니다. 하나님의 영원한 가족 구성원에게만 그렇게 부를 특권이 있습니다. 하나님의 가족이 되기 위해서는, 그 가족으로 태어나야만 합니다.

영접하는 자, 곧 그 이름을 믿는 자들에게는 하나님의 자녀가 되는 권세를 주셨으니. (요 1:12)

성경은 하나님이 모든 인류의 아버지가 되고, 모든 인간이 서로 형제라고 가르치지 않습니다. 육신으로 형제자매일시라도 하늘로부터 다시 태어나지 않으면 영적으로 아무 관계가 아닙니다. 하나님이 모든 사람을 창조하셨지만, 다시 태어난 이들에게만 아버지가 되십니다. 하나님은 우리를 지으셨기에 아버지이신 것이 아니라, 우리가 하나님의 자녀로 다시 태어나기에 우리의 아버지가 되시는 것입니다.

부전자전이라는 말이 있듯, 하나님이 우리의 아버지이므로 우리 안에는 그의 성품이 있습니다. 베드로는 말합니다.

이로써 그 보배롭고 지극히 큰 약속을 우리에게 주사 이 약속으로 말미암아 너희가 정욕 때문에 세상에서 썩어질 것을 피하여 신성한 성품에 참여하는 자가 되게 하려 하셨느니라. (벧후 1:4)

새로 태어났다면 이제 내적 변화를 겪게 됩니다. 종교가 여러분의 성품을 바꾸지 못했다면, 종교를 바꾸는 것이 좋을 것입니다. 구원은 단순히 우리를 이 땅에서 건져내 천국으로 옮기는 일이 아닙니다. 오히려, 하나님이 우리에게로 오시는 일입니다.

우리가 다시 태어나 완전히 새로운 사람이 되면, 우리의 모습은 어떠할까요? 그리스도와 하나님의 말씀에 대한 깊은 사랑을 가집니다. 성령께서는 우리가 하나님에게 속한 자라고 말씀하시고 내면의 증인이 되십니다. 거룩하고픈 소원이 생깁니다. 그리스도를 영화롭게 하고픈 소망이 생깁니다.

또한 새 아버지가 생기는데, 이는 믿을 수 없는 큰 축복입니다. 하나님을 닮아갈 뿐 아니라, 그의 사랑 안에 거하게 됩니다. 아버지는 그의 독생자를 사랑하시는 것만큼 다시 태어난 자녀들도 사랑하십니다. 도저히 믿기지 않겠지만, 사실입니다. 예수님의 기도를 들어봅시다.

> 곧 내가 그들 안에 있고 아버지께서 내 안에 계시어 그들로 온전함을 이루어 하나가 되게 하려 함은 아버지께서 나를 보내신 것과 또 나를 사랑하심 같이 그들도 사랑하신 것을 세상으로 알게 하려 함이로소이다. (요 17:23)

이해하셨습니까? 할렐루야! 예수님이 사랑받으신 것 같이 우리도 사랑받고 있습니다. 우리가 귀하기 때문에 하나님이 사랑하시는 것이 아니라, 하나님이 우리를 사랑하시기 때문에 우리는 귀합니다.

새 재산

하나님의 가족으로 태어날 때, 우리는 매우 부유한 집에 태어나게 됩니다. 우리 아버지는 우리가 필요한 것만 채워주시는 분이 아닙니다.

우리 가운데서 역사하시는 능력대로 우리가 구하거나 생각하는 모든 것에 더 넘치도록 능히 하실 이. (엡 3:20)

나의 하나님이 그리스도 예수 안에서 영광 가운데 그 풍성한 대로 너희 모든 쓸 것을 채우시리라. (빌 4:19)

다음의 노래 가사는 현실이 되었습니다.

"우리 아버지는 집도 많고 땅도 많다네. 세상의 모든 부가 그의 두 손에 있다네."

부자가 된 기분이 어떻습니까? 왕의 자녀들은 하늘의 온갖 보석을 소유한 부자들입니다.

그러나 아직 제일 좋은 것이 남아 있습니다. 지금 우리가 가지고 있는 것은 우리가 물려받게 될 재산의 일부에 불과합니다. 다음 세상에서 이 풍족한 유산을 온전히 다 받게 될 것입니다.

성령이 친히 우리의 영과 더불어 우리가 하나님의 자녀인 것을 증언하시나니, 자녀이면 또한 상속자 곧 하나님의 상속자요 그리스도와 함께한 상속자니 우리가 그와 함께 영광을 받기 위하여 고난도 함께 받아야 할 것이니라. 생각하건대 현재의 고난은 장차 우리에게 나타날 영광과 비교할 수 없도다. 피조물이 고대하는 바는 하나님의 아들들이 나타나는 것이니. (롬 8:16~19)

바울이 우리가 "그리스도와 함께한 상속자"라고 말한 것에 주목하십시오. 함께한 상속자가 된다는 것이 어떤 뜻인지 아십니까? 나눠 가지되 똑같이 나눠 가진다는 뜻입니다. 곰곰이 생각해보면 숨이 잠시 멎어버릴지도 모릅니다. 혹자는 어떻게 그렇게 좋은 것이 있을 수 있느냐며 '그림의 떡'이라고 말할지 모르겠습니다. 글쎄요, 나는 떡 먹는 것도 좋지만 멋진 그림을 보는 것도 좋습니다!

새 미래

새로 태어난 아이에게는 모든 것이 내일이지 어제란 없습니다. 예수님께 나아가 다시 태어나게 되면, 과거는 '하나님의 망각'이라는 무덤에 묻히게 됩니다. 우리는 새 미래가 빛나는 새 피조물입니다. 이 미래는 절대적으로 안전합니다. 우리는 하나님의 가족이기 때문입니다.

착한 일을 해야만 가족의 자격이 유지될 거라고 오해하지 마십시오. 나는 평생 로저스 가문의 일원이었습니다. 나의 행동 때문이 아니라, 내가 로저스 집안에 태어났기 때문입니다.

나의 나쁜 행동조차 내가 가족의 구성원임을 기억나게 할 때가 있습니다. 우리 아버지는 체벌을 어떻게 해야 하는지를 아셨습니다. 체벌하실 때는 "널 사랑하기 때문에 벌을 주는 거다."라고 말씀하셨습니다. 아버지는 가족 중에서도 나를 제일 사랑하셨던 것 같습니다.

하나님은 당신의 귀한 자녀를 꾸짖으실지 몰라도 결코 저버리지 않으십니다. 우리의 미래는 우리의 행동 때문이 아니라 우리의 출신으로 인해 안전합니다. 나는 인생을 살면서 한순간이라도 훌륭한 일을 했다고 해서 천국에 가게 될 거라고 생각하지 않습니다. 그럼, 우리는 무엇을 그리고 누구를 신뢰해야 할까요?

능히 너희를 보호하사 거침이 없게 하시고 너희로 그 영광 앞에 흠이 없이 기쁨으로 서게 하실 이, 곧 우리 구주 홀로 하나이신 하나님께 우리 주 예수 그리스도로 말미암아 영광과 위엄과 권력과 권세가 영원 전부터 이제와 영원토록 있을지어다 아멘. (유 1:24~25)

성경 어디에도 두 번 구원받은 사람은 없습니다. 왜입니까? 육적으로도 한 번만 태어나듯, 영적으로도 한 번만 태어나기 때문입니다.

가장 값비싼 대가

예수님은 니고데모에게 다시 태어나는 삶에 대해 말씀하신 후, 자신이 십자가에 들려질 것이라고 이야기하셨습니다.

모세가 광야에서 뱀을 든 것 같이 인자도 들려야 하리라. (요 3:14)

다시 태어나는 것이 왜 최고의 기적인지 이제 조금씩 이해하게 될 것입니다. 이 책에서 읽었던 다른 모든 기적들은 하나님의 전능하고도 주권적인 능력에 의해 쉽게 이루어졌습니다. 하나님이 말씀하시면, 그것으로 만사형통이었습니다. 하나님이 명령하시면, 그대로 다 되었습니다. 이 기적들은 다 하나님이 이루시기에 아무 문제도 아니었습니다.

물을 포도주로 바꾸고, 죽기 직전의 아이를 치유하고, 38년간 온 몸이 마비된 병자를 일어나 걷게 하고, 오천 명의 장정과 수많은 여인들과 아이들을 작은 아이의 도시락으로 넉넉히 먹이고, 폭풍 가운데서 물 위를 걷고, 날 때부터 맹인된 자의 눈을 뜨게 하고, 죽었던 사람을 살리는 데 전능자가 못할 일은 없었습니다.

하나님을 경외하는 마음으로 말씀드립니다. 하나님이 어려움을 겪으신 적은, 갈보리산에서 피를 흘리실 때와 그 전날 밤 겟세마네 동산의 암흑 속에서 기도하셨을 때뿐이었습니다. 바로 우리가 다시 태어날 수 있도록 우리의 죗값을 치르시고 대신 죽으심으로써 최고의 기적인 새 생명을 우리에게 주신 것입니다. 하나님은 말 한마디로 우주를 창조하셨지만, 한 영혼을 살리시기 위해서는 그분 자신이 고통 가운데서 피를 흘리시며 죽으셔야 했습니다. 우리를 온전하게 하고 구원하시기 위해 그분의 영혼은 지옥을 견디셔야 했습니다.

예수님의 눈물과 피의 대가로 우리의 구원이 이루어진 것입니다. 이처럼 위대한 이 기적은 가장 큰 값을 치르고 가장 놀라운 결과인 영원한 생명을 가져온 것입니다.

그래서 나는 죽은 자를 살리는 능력보다 한 영혼을 그리스도에게 인도하는 능력을 가지기 원합니다. 혹자는 이렇게 말할지도 모릅니다.

"애드리언, 당신이 정말 성령이 충만하다면, 눈에 보이는 기적도 일으킬 능력이 있을 게 아니요?"

그러나 꼭 그런 것만은 아닙니다.

세례 요한은 어머니의 태에서부터 성령이 충만했습니다(눅 1:15). 예수님은 여자가 낳은 자 중에 요한보다 큰 이가 없다고 말씀하셨습니다(눅 7:28). 그러나 요한이 유명했던 이유가 무엇입니까? 그가 예수님께로 사람들을 인도했다는 것에 있습니다. 그는 "보라 세상 죄를 지고 가는 하나님의 어린 양이로다."라고 말한 사람입니다(요 1:29).

하루는 예수님께서 요한에게 세례 받았던 곳으로 다시 찾아가셨습니다. 하나님께서 이 성령 충만했던 남자에 대해, 사람들을 예수님께로 인도했던 그 능력에 대해 어떻게 증거하셨는지 기록을 봅시다.

많은 사람이 왔다가 말하되 요한은 아무 표적도 행하지 아니하였으나 요한이 이 사람을 가리켜 말한 것은 다 참이라 하더라. 그리하여 거기서 많은 사람이 예수를 믿으니라. (요 10:41~42)

다시 말씀드리겠습니다. 죽은 자를 살리는 능력보다, 하나님이 세례 요한에 대해 말씀하셨듯 나에 대해서도 말씀해주시기를 원합니다.

새 생명을 얻으십시오!

이 책에서 말씀드리려 노력했던 바를 요약해드리겠습니다. 사도 요한은 생명, 진짜 생명, 영원한 생명에 대해 이야기하고 싶어했습니다. 생명이라는 단어는 요한복음에 서른여섯 번 정도 나옵니다. 이 생명은 넘치도록 충만하고 풍성한 생명입니다. 너무나도 훌륭한 생명입니다. 절대 놓치지 마십시오!

지금은 천국에 있는 바이런이라는 친구가 있었습니다. 하루는 차를 몰고 아내와 함께 아름다운 스모키산을 지나고 있었습니다. 그의 아내가 자동차 계기판을 보고 말했습니다.

"차에 기름이 떨어져가요. 여기서 기름을 넣고 가요."

"걱정하지 마. 기름 넣을 데는 널려 있어."

바이런은 이렇게 말하고는 계속 차를 몰았습니다.

스모키산은 아름다웠고, 바이런과 그의 아내는 멋진 드라이브를 즐겼습니다. 그런데 아내가 꾸벅꾸벅 졸기 시작하더니 잠이 들고 말았습니다. 잠시 후 바이런은 바늘이 가리키는 눈금을 보고는 기름이 바닥나기 직전이라는 것을 깨달았습니다. 하지만 근처에는 주유소가 하나도 보이지 않았습니다.

점점 어두워지니 이런 생각이 들기 시작했습니다.

'컴컴한 산길에서 기름이 떨어지면 정말 큰일인데……. 아까 잠시 차를 멈추고 기름을 넣으라고 했을 때 말을 들었어야 했어.'

시간이 좀 더 지나자 어둠이 연기처럼 몰려들기 시작했습니다. 그는 미칠 지경이 되었습니다. 문득 돌아보니, 산길 부근에 주유기가 비치된 시골풍의 낡은 가게에서 불빛이 새어나오는 것이 보였습니다.

주유기는 너무 낡아 그냥 골동품을 진열한 것인지 정말 그 안에 기름이 들어 있는지 의문이 들 정도였습니다. 차를 세우고, 가게 안으로 들어갔습니다. 주인 할아버지에게 기름을 파는지 물어보았습니다. 주인은 "예!"라고 대답했습니다.

바이런은 안도의 한숨을 내쉬며, 그 할아버지와 함께 나가 기름 탱크에 기름을 넣기 시작했습니다. 다시 아름다운 산의 야경이 눈에 들어오기 시작했습니다. 모든 것이 순조로웠습니다

바이런은 얼굴에 미소를 가득 머금고 두 손을 내밀고는 할아버지에게 이렇게 말했습니다.

"살아 있다는 건 너무 좋은 거죠?"

할아버지는 고개도 들지 않고 대답했습니다.

"나는 모르겠소. 죽어본 적이 없어서 말이오."

그런데 여러분, 나는 죽어봤습니다! 허물과 죄로 죽었습니다. 그러나 귀한 구주께서 나의 마음과 삶에 들어오셨습니다. 단순히 이 세상에 숨을 쉬며 살게 할 뿐 아니라 풍성한 생명을 주셨습니다. 이렇게 말하고 싶습니다. 아니 소리치고 싶습니다. 살아 있다는 게 너무 좋습니다.

다시 태어날 수 있게, 새 생명을, 영원한 삶을 누릴 수 있게 주 예수 그리스도를 통해 최고의 기적을 나에게 주신 하나님께 감사드립니다.

에필로그 I

극진한 사랑받던 아내, 소생하다

켄트 휴

일상적인 수술이었는데, 뭔가가 잘못되어 가고 있었습니다. 지극히 사랑하는 아내, 바버라의 목숨이 바람 앞의 등불처럼 느껴졌습니다.

아침 일찍 바버라가 수술실로 들어가고 대기실에서 기다리다, 수전이라는 의료기술자를 만났습니다. 수전은 아내의 조카딸과 몇 년 전 같은 병원에서 근무한 친한 동료였습니다. 조카딸이 멀리 이사간 지 오래라, 수전과 이렇게 마주친 것은 아주 오랜만이었습니다.

수술이 끝나고, 제 큰딸 홀리와 함께 의사를 만났습니다.

"완벽합니다. 더 이상 좋을 수가 없네요."

의사는 유쾌하게 웃으며 말했습니다. 바버라가 한 시간 반 동안 회복실에 있어야 했기에, 그 동안 나는 집으로 가 짐을 챙겨오기로 했습니다.

그런데 집에 오니 바버라가 다시 수술실로 들어갔다고 딸아이에게 전화가 왔습니다. 겨우 15분이면 된다는 수술 시간이 5시간으로 늘어났습니다. 우리는 뭔가가 단단히 잘못되었다는 것을 깨달았습니다. 지

혈이 되지 않았는데, 의료진 중 아무도 그 이유를 알지 못했습니다.

길고 긴 밤이 시작되었습니다. 밤 11시쯤 의사가 바버라를 보고 갔습니다. 간호사들이 계속해서 소독하고 거즈를 갈아주었지만 바버라는 출혈로 점점 약해져갔습니다. 새벽 1시 반에 우리 교회 목사님께 철야 기도를 부탁했습니다. 사역자들과 친구들까지 모두 왔습니다.

하지만 상황은 더욱 악화되어 다음날 오후, 아내는 몸의 2/3 가량의 피를 잃었습니다. 침대 곁에 식구들이 다 모여 있을 때 목사님이 말씀하셨습니다.

"부인을 격려해주십시오. 죽는다고 생각할지도 모르잖아요. 피가 응고되지 않고 있으니."

그때 마침, 수전이 병실에 들어왔습니다. 바버라에게 잡지를 갖다 주고 안부나 물을 요량으로 들렀다가 목사님의 말을 들은 것이었습니다.

수전은 몇 해 전 바버라의 조카딸과 혈액 검사를 했던 기억이 떠올랐습니다. 조카딸은 교통사고와 같은 외상을 겪으면 죽을 때까지 피가 멈추지 않는 특이한 질환을 갖고 있었습니다. 수전은 조카의 기록을 찾은 다음 바버라의 것과 비교했습니다. 바버라도 조카딸과 같은 질환이었습니다.

수전은 바로 달려가 담당의사에게 말했습니다. 희귀한 혈액 질환에 대한 약을 투여한 지 한 시간도 지나지 않아 바버라는 살아났습니다.

이 기적은 오래 전 심심했던 두 사람이 서로의 피를 검사하기 시작한 데부터 일어났습니다. 검사 결과 수전은 조카딸이 혈액 응고와 관련한 희귀 질병이 있다는 것을 알았습니다. 바버라의 수술날에 수전은 대기실에 올 일이 전혀 없었는데 그곳을 찾았고, 바버라의 수술에 대한 이야기를 듣게 된 것입니다. 또한 그 다음날 목사님이 병에 대해 말하고 있는 정확한 그 시점에 바버라를 보러왔고, 놀랍게도 몇 년 전에 했던 검사를 기억해낸 것이었습니다.

 수전은 내 아내의 목숨을 구해주었습니다. 하지만 정말 바버라의 생명을 구한 사람이 수전이었을까요? 아닙니다. 하나님이십니다! 이 일이 일어나도록 사소한 일들을 엮으셔서 끝내 기적을 일으키신 하나님이 구하신 것입니다.

에필로그 II

팀의 기적

잔 바거

　무더위가 기승을 부리던 7월, 펜실베이니아의 작은 동네에서 몬트로즈 성경 집회가 열리고 있었습니다. 내 아들 팀은 어느 때와 마찬가지로 아이들과 함께 "깃발 잡기" 놀이를 하고 있었습니다. 그런데 갑자기 팀이 심하게 기침을 했고 눈이 게슴츠레 흐려지더니 순식간에 모든 기억을 잃고 말았습니다. 나는 물론이고, 누나, 할머니, 사촌들도 알아보지 못했습니다. 팀은 양치질하고 샤워하고 전화 받는 법부터 다시 배워야 했습니다.

　또한 팀은 사람들이 많이 모여 있으면 공포를 느꼈고, 화가 나면 하루에도 서너 번씩 음식물을 토해냈습니다. 교회에서도 마찬가지였습니다. 많은 사람들 때문에 공황 상태에 빠져 예배를 드릴 수도 없었습니다. 온 가족이 간절하게 팀과 함께 예배드릴 수 있도록 해달라고 기도했습니다.

　의사도 도대체 팀에게 무슨 일이 일어났는지 갈피조차 잡지 못했습니다. 심리 테스트와 정신 테스트를 받고, 심지어 최면술도 한 차례 했지만, 어떤 이상도 찾을 수 없었습니다.

어느 날은 베를린에서 선교를 하고 있는 막내 동생 린에게 하나님의 선하심에 의문을 품으며, 왜 하나님께서 팀에게 이런 고통을 겪게 하는지 토로하기도 하였습니다. 린은 하나님께서도 팀이 이런 고통을 겪지 않기를 원하신다며 팀이 완전히 깨끗하게 낫게 해달라고 기도하자고 했습니다.

"언니랑 형부가 팀이 완쾌되기만 한다면 뭐든 할 사람이라는 거 알고 있어. 나도 하나님이 하라고 하시는 일이 있다면 뭐든 할 거야."

이 말이 제 마음에 크게 울려 퍼졌습니다. 올바른 의사를 만날 수 있게 해달라거나, 제대로 된 검사를 받을 수 있게 해달라거나, 조금이라도 치유해달라는 나약한 기도를 그만두고, 이제부터 하나님만 온전히 의지하기로 마음먹었습니다.

몇 주가 지났습니다. 우리 가족 모두가 교회에 있었습니다. 회중 기도 순서 때 팀이 제 소매를 잡아당기더니, 귀에 속삭였습니다.

"엄마, 기억이 좀 나는 것 같아요. 누나의 14번째 생일이 기억나요. 도넛도 먹고 버터밀크 폭포에 갔었어요!"

두 손이 얼음처럼 차가웠던 팀은 울기 시작했습니다. 우리는 기쁨에 겨워 밖으로 나와 교회 본당 바로 앞 넓은 잔디밭에서 나뒹굴었습니다. 우리는 소리 내어 웃고 울며 하나님을 찬양했습니다.

그 주 내내 우리는 팀에게 하루에도 열두 번은 뭐가 기억나는지 물어보았습니다. 친구들이 다 기억나 즐거워하는 팀을 보는 것은 큰 즐거움이었습니다. 유머 감각도 다시 살아났습니다. 팀은 온 집안을 휘젓고 다니며 휘파람을 불고 노래를 불렀습니다. 그리고 아침이면 예전과 같이 "좋은 아침" 하며 경쾌한 인사를 건넸습니다.

얼마 지나지 않아 린에게서 이메일을 받았습니다.

"하나님이 팀을 왜 이런 식으로 고쳐주셨는지 궁금했어. 오늘 새벽에는 너무 잠이 오지 않아 그 생각을 골똘히 하고 있었는데, 갑자기 이사야 42장 8절을 보고 싶더라고. 거기엔 '나는 여호와이니 이는 내 이름이라. 나는 내 영광을 다른 자에게, 내 찬송을 우상에게 주지 아니하리라.' 라고 쓰여 있는 거야. 하나님은 하나님 말고 다른 그 어떤 누가 팀을 고쳤다고 말할 수 없게 하시려고 팀을 이런 식으로 고치신 것 같아. 팀은 분명히 약도 먹지 않았고, 치료도 받지 않았고, 의사도 보지 않았잖아. 정말로 하나님만이 팀을 치유하시는 데 영광을 받으실 수 있어!"

그로부터 며칠 뒤, 혼자 기도하다가 시편을 읽있는데, 63편 2절이 눈에 들어왔습니다.

"내가 주의 권능과 영광을 보기 위하여 이와 같이 성소에서 주를 바라보았나이다."

나는 크게 기뻐 날뛰며 소리 높였습니다.

"주님! 제가 예배 시간에 당신만 만난 게 아니었군요. 당신을 만나는 그 시간에 주님은 저에게 선물을 주셨습니다!"

하나님은 사랑의 돌보심으로만 우리를 지켜보지 않으십니다. 하나님은 세세한 일까지 다 신경 쓰십니다. 그리고요, 팀의 기억이 돌아온 날은 어머니날이었답니다!

기적

요한복음 속 7가지 기적의 진리

초판 1쇄 인쇄 2007년 12월 24일
초판 1쇄 발행 2008년 1월 2일

지은이 애드리언 로저스
옮긴이 조진선

펴낸이 김승기
기획 박지용
책임편집 장현화
마케팅 백승욱, 백수정
디자인 씨오디 color of dream

펴낸곳 도서출판 일용할양식
출판등록 2006년 12월 14일(제406-2006-00083호)
주소 경기도 파주시 교하읍 문발리 507-12 출판문화정보산업단지
대표전화 031)955-0761 **팩스** 031)955-0768

ISBN 978-89-959092-2-5 03230

* 잘못된 책은 구입한 곳에서 바꾸어 드립니다.